Rüdiger Schönrade

General Joachim von Stülpnagel und die Politik.

Eine biographische Skizze zum Verhältnis von militärischer und politischer Führung in der Weimarer Republik.

General Joachim von Stülpnagel und die Politik.

Eine biographische Skizze zum Verhältnis von militärischer und politischer Führung in der Weimarer Republik.

Rüdiger Schönrade

2007

Carola Hartmann Miles – Verlag Berlin

CIP-Kurztitelaufnahme der Deutschen Bibliothek

Rüdiger Schönrade

General Joachim von Stülpnagel und die Politik. Eine biographische Skizze zum Verhältnis von militärischer und politischer Führung in der Weimarer Republik.

Carola Hartmann Miles – Verlag, 2007
ISBN 978-3-937885-11-7

Alle Abbildungen im Besitz und Abdruck mit freundlicher Genehmigung des Joachim von Stülpnagel-Archivs, Wuppertal
Titelbild: Joachim von Stülpnagel als Major i.G. bei der Obersten Heeresleitung OHL im September 1918 im Schloss Wilhelmshöhe

Herstellung: Books on Demand, Norderstedt

Printed in Germany

ISBN 978- 3-937885-11-7

Für Stephanie

Gefährtin, Freundin, Frau

Inhaltsverzeichnis

Seite

Einleitung 9

1 Anmerkungen zum familiären Hintergrund und zur Erziehung – Prägung im Sinne der Monarchie 15

2 Militärischer Werdegang bis zum Ende des Ersten Weltkrieges 19

3 In den Anfangsjahren der Weimarer Republik (1918 bis 1922) 33

3.1 Waffenstillstand und Novemberrevolution in Deutschland 35
3.2 Versailler Vertrag 47
3.3 Militärischer Werdegang in den Anfangsjahren der Reichswehr 1919 bis 1922 55
3.4 Die Auseinandersetzung um die Interalliierte Militär-Kontrollkommission 60
3.5 Die Reichswehr als „Staat im Staat?“ – Zur Einstellung der Reichswehr zur deutschen Politik in den Anfangsjahren der Weimarer Republik 68

4 Joachim von Stülpnagel und der Positionswechsel in der Haltung von Reichswehr zu politischer Führung der Weimarer Republik (1923 und 1924) 74

4.1 Denkschrift „Gedanken über den Krieg der Zukunft“ vom Februar 1924 83
4.2 Forderung nach einer Militarisierung der Gesellschaft 85
4.3 Der preußische Befreiungskrieg gegen Napoleon als historisches Vorbild 91
4.4 Die Stülpnagel-Denkschrift als Hinweis auf den Wandel in der Haltung der Reichswehrführung zur Politik der Weimarer Republik 108
4.4.1 Von Seeckts Konzeption der Kriegführung 109
4.4.2 Öffnung der Reichswehr gegenüber den Institutionen der Weimarer Republik 112
4.4.3 Bedeutung der Stülpnagel-Denkschrift für die Reichswehr 115

5 Joachim von Stülpnagel in den Jahren nach 1924 121

6 Schlussbetrachtung 142

Anhang – Zeitungsartikel Joachim von Stülpnagels in der Berliner Börsenzeitung 148

Quellen- und Literaturverzeichnis 154

Personenregister 160

Einleitung

Befasst man sich mit der Reichswehr, so stößt man in der wissenschaftlichen Literatur immer wieder auf die Namen von Persönlichkeiten, die mit Aufbau und Führung der Reichswehr in der Weimarer Republik eng verbunden sind. Über die Chefs der Heeresleitung, die Generalobersten von Seeckt und von Hammerstein-Equord, oder über Reichswehrminister wie Geßler, Groener und General Schleicher, liegen wissenschaftliche Biographien vor oder es existieren veröffentlichte Erinnerungen[1], aus denen die Einstellung und Haltung dieser Offiziere zu ihrer Position und zu ihrer Arbeit in der Reichswehr abgeleitet werden kann.

In der Literatur über die so genannte Phase der Stabilität der Weimarer Republik von 1924 bis 1927 wird der damalige Oberstleutnant Joachim von Stülpnagel immer wieder angeführt. Insbesondere seine Denkschrift „Gedanken über den Krieg der Zukunft“ vom Februar 1924 wird häufig zitiert. Dieser Denkschrift wird ein programmatischer Charakter im Hinblick auf die Ausrichtung der Reichswehr beigemessen. Denn an der Stülpnagelschen Denkschrift kann ein gewisser Kurswechsel der Reichswehr im Verhältnis zu den Institutionen der Weimarer Republik abgelesen werden. Während die Reichswehrführung in der Aufbauphase der Reichswehr eine

---

[1] Seeckt, Hans von: Aus meinem Leben 1866 - 1917, hrsg. von Generalleutnant Friedrich von Rabenau, Leipzig 1938. Rabenau, Friedrich von: Seeckt. Aus seinem Leben 1918 - 1936, Leipzig 1940. Vogelsang, Thilo: Kurt von Schleicher. Ein General als Politiker, Göttingen / Frankfurt / Zürich 1965 (= Persönlichkeit und Geschichte 39). Hammerstein, Kunrat Freiherr von: Schleicher, Hammerstein und die Machtübernahme 1933, in: Frankfurter Hefte 11 (1956), Seiten 11 - 18, 117 - 118, 163 - 176. Geßler, Otto: Reichswehrpolitik in der Weimarer Zeit, hrsg. von Kurt Sendtner, Stuttgart 1958. Groener, Wilhelm: Lebenserinnerungen. Jugend, Generalstab, Weltkrieg. Hrsg. von Friedrich Freiherr Hiller von Gaertringen, Göttingen 1957.

eigene Politik – vor allem im Bereich der Rüstung – *neben* den Institutionen der Weimarer Republik betrieben hatte, kam es in der Zeit zwischen 1924 bis 1927 zu einer Zusammenarbeit der Reichswehr *mit* den Organen und Einrichtungen der Weimarer Republik. Die Reichswehrführung hatte nach der französischen Besetzung des Ruhrgebietes 1923 erkannt, dass eine längerfristige Rüstungspolitik nur durch Kooperation mit den zivilen Funktionsträgern der Weimarer Republik möglich ist.

Stülpnagel wird in der Literatur über diese Phase der Weimarer Republik einerseits als „engster Mitarbeiter Seeckts“[2] bezeichnet oder man stellt fest, dass die Rolle Stülpnagels in dieser Phase „nicht hoch genug veranschlagt werden“[3] könne. Oftmals taucht sein Name aber auch nur im Zusammenhang mit seiner Denkschrift auf,[4] ohne dass näher ausgeführt wird, welche Rolle der spätere General Joachim von Stülpnagel in der Reichswehr überhaupt gespielt hat. Doch gerade die Beschränkung Stülpnagels auf seine Denkschrift vom Februar 1924 ist einseitig. Denn je nach Einordnung der Denkschrift in einen größeren argumentativen Zusammenhang verkürzt man Person und Persönlichkeit Joachim von Stülpnagels auf unzulässige Art und Weise.

---

[2] Carsten, Francis L.: Reichswehr und Politik 1918 - 1933, Köln / Berlin 1965, Seite 218.

[3] Geyer, Michael: Aufrüstung oder Sicherheit. Die Reichswehr in der Krise der Machtpolitik 1924 - 1936, Wiesbaden 1980, Seite 42.

[4] So etwa in der bundesdeutschen Diskussion über alternative Verteidigungsstrategien am Ende der 80er Jahre, in: Bald, Detlef: Zur „Strategischen Defensive“. Ein Rückblick auf ein Verteidigungskonzept in der Reichswehr, in: Sicherheit und Frieden, Vierteljahresschrift für Sicherheit und Frieden 3/86, Seite 138 - 142. Bald greift einzelne, eher technische Elemente der Stülpnagel-Denkschrift auf, die vor allem die raumdeckende Verteidigung und das Milizprinzip verdeutlichen. Bald übersieht bei der Nutzbarmachung dieses Modells für die Bundeswehr, dass Stülpnagels Gedanken kein Abschreckungs-, sondern ein Kriegführungskonzept war. Undeutlich bleibt meiner Meinung nach in dem Beitrag auch, dass das Stülpnagel-Konzept nicht Überlegungen „des Generalstabs“ waren, die konsequent verfolgt wurden, sondern dass Stülpnagel sich mit seinen Gedanken in dieser Phase nur ansatzweise in der Reichswehrführung durchgesetzt hat.

Die vorliegende Arbeit kann sich auf einen breiten Forschungsstand zur Weimarer Republik abstützen und berücksichtigt die Bezüge auf Joachim von Stülpnagel in der Reichswehr-Forschung. In der reichswehrkritischen Interpretation der Literatur aus den fünfziger und sechziger Jahren[5] wird der Reichswehrpolitik ein entschlossener Wille zu einer eigenen Machtstellung der Reichswehr in der Weimarer Republik unterstellt. Eine solche Organisation der Reichswehr als „Staat im Staate" unabhängig von Gesellschaft und Politik der Republik schwächte nach Ansicht dieser Historiker die demokratische Ordnung und trug zum Scheitern der Weimarer Republik bei. Wenn Stülpnagel in diesem Zusammenhang als „engster Mitarbeiter Seeckts" bezeichnet wird, dann erhält die Denkschrift eine andere Bedeutung als in den siebziger und achtziger Jahren im Zusammenhang mit Untersuchungen über das Verhältnis von Militär, Gesellschaft und Politik im modernen Industriestaat. Zwar erhielt auch die Rolle Seeckts in der Forschung eine neue Bewertung durch spätere Arbeiten, die Seeckt einen vorsichtigen Revisionismus und eine gewisse „vernunftrepublikanische" Einstellung zugestanden.[6] In den siebziger und achtziger Jahren richtete sich die historische Forschung mit Andreas Hillgruber und Michael Geyer[7] auf die gesamtgesellschaftliche Konzeption der Reichswehr, die mit der Militarisierung der Gesellschaft auf die Begründung eines „Wehrstaates" zielte. In

---

[5] Carsten, Reichswehr und Politik. Sauer, Wolfgang: Die Reichswehr, in: Bracher, Karl-Dietrich: Die Auflösung der Weimarer Republik. Eine Studie zum Problem des Machtverfalls in der Demokratie, Villingen 1955, Düsseldorf 1984, Seite 205 – 284.

[6] Gordon, Harold J.: Die Reichswehr und die Weimarer Republik 1919 – 1926, Frankfurt 1959. Meier-Welcker, Hans: Seeckt, Frankfurt 1967. Wohlfeil, Reiner: Heer und Republik, in: Deutsche Militärgeschichte in sechs Bänden 1648 – 1939, begründet von Hans Meier-Welcker, hrsg. vom Militärgeschichtlichen Forschungsamt, Bd. 3, Abschnitt VI (Reichswehr und Republik 1918 – 1933), München 1983.

[7] Hillgruber, Andreas: Militarismus am Ende der Weimarer Republik und im „Dritten Reich", in: Großmachtpolitik und Militarismus im 20. Jahrhundert, Düsseldorf 1974, Seite 37 – 51. Geyer, Aufrüstung.

diesen Veröffentlichungen kam deshalb der Stülpnagel-Denkschrift eine zentrale Bedeutung zu.

Zur Bewertung, welche Bedeutung der Denkschrift für die Entwicklung der Reichswehr beigemessen werden kann, sind deshalb Aussagen über dessen Verfasser zwingend notwendig. Von der Rolle und Position Joachim von Stülpnagels in der Reichswehr hängt es ab, ob der Denkschrift Stülpnagels für die Reichswehr tatsächlich programmatischer Charakter beigemessen werden kann. Es ist ein Unterscheid, ob es sich bei der Denkschrift um eine vereinzelte kluge Meinungsäußerung eines Mannes handelt, der zufällig auch Reichswehrangehöriger war, oder ob der Denkschrift eine größere Bedeutung beigemessen werden muss, weil der Verfasser im dienstlichen Auftrag für sein Ministerium gearbeitet hat und mit dieser Denkschrift deshalb eine offizielle Haltung der Reichswehr begründet werden kann. Darüber lassen sich viele Historiker, die Stülpnagels Denkschrift zitieren, nicht oder nur sehr vage aus. Mehr noch, die wenigen veröffentlichten Einschätzungen und Beurteilungen Stülpnagels sind – auch durch die Verkürzung Stülpnagels auf seine Denkschrift – so widersprüchlich, gleichzeitig aber so dürftig, dass man daraus kein fundiertes Gesamtbild über die Rolle oder die Persönlichkeit Joachim von Stülpnagel gewinnen kann. Dass über den Werdegang und die Persönlichkeit Stülpnagels mehr veröffentlicht worden wäre, wenn Stülpnagel Chef der Heeresleitung oder Reichswehrminister geworden wäre, bleibt eine Vermutung. Dass er aber für diese beiden Ämter ernsthaft im Gespräch war, ist Grund genug für die Auseinandersetzung mit Person und Persönlichkeit Joachim von Stülpnagels.

Hier setzt diese Arbeit an. Ziel der Arbeit ist die Erstellung einer biographischen Skizze über Joachim von Stülpnagel, aus der die Rolle Stülpnagels in der Reichswehr deutlich wird. Anhand dieser Skizze können dann die Aussagen über Joachim von Stülpnagel in der Reichswehrliteratur überprüft bzw. eingeordnet werden. Schwerpunkt der Arbeit ist dabei die Auseinandersetzung mit der Stülpnagel-Denkschrift vom Februar 1924. Es wird der Versuch unternommen, durch die Beschreibung der Persönlichkeit Joachim von Stülpnagels und der Position, die er in der Reichswehr einnahm, die Bedeutung seiner oftmals zitierten Denkschrift „Gedanken über den Krieg der Zukunft" für die Reichswehr abzuleiten. Es soll dazu aufgezeigt werden, wie sich die Arbeit und Laufbahn eines kaiserlichen Generalstabsoffiziers in der Reichswehr gestaltete und wie dabei ein einzelner Offizier entscheidenden Einfluss auf das Verhältnis von militärischer und politischer Führung in der Weimarer Republik nehmen konnte.

Als Quellen zu dieser Arbeit diente in erster Linie der unveröffentlichte Nachlass Joachim von Stülpnagels im Bundesarchiv/Militärarchiv in Freiburg. Hier liegen neben der bereits erwähnten Denkschrift ein umfangreicher Briefwechsel Stülpnagels mit Persönlichkeiten der Weimarer Republik als auch dienstlich gefertigte Schriftstücke Stülpnagels vor. Daneben lagern in Freiburg auch die unveröffentlichten Erinnerungen des Generals von Stülpnagel[8], die einerseits zwar die damaligen Geschehnisse und Hintergründe ausschließlich aus der persönlichen Sichtweise Stülpnagels wiedergeben und damit nicht nur objektive, sondern subjektiv, persönlich gefärbte Informationen bieten, andererseits aber gerade durch diese persönlichen Wertungen und Einzelheiten

[8] Stülpnagel, Joachim von: 75 Jahre meines Lebens, Düsseldorf 1960 (unveröffentlicht), Bundesarchiv/ Militärarchiv (BA/MA), Depot Stülpnagel N 5/27. - Nach Aussagen einer Tochter Stülpnagels vom Dezember 1996 waren und sind diese Erinnerungen nicht zur Veröffentlichung bestimmt. Sie waren als persönlicher Rechenschaftsbericht für die engste Familie gedacht. Von daher sind diese Erinnerungen auch nicht tendenziell als eine nachträgliche Rechtfertigung vor einer größeren Öffentlichkeit zu verstehen, die manch andere Autobiographen dazu verleitet hat, ihre eigene Version der Geschichte darzustellen. Der besondere Wert dieser Erinnerungen liegt in der Sichtweise, mit der Stülpnagel Rechenschaft gibt: Er stützte sich bei deren Abfassung in den 1950er Jahren auf seine damaligen Tagebuchaufzeichnungen ab und schilderte die Begebenheiten und seine Bewertungen so, wie er sie zur gegebenen Zeit sah. Wenn Stülpnagel später seine damaligen Ansichten anders beurteilte, so ist dies jeweils kenntlich gemacht.

zum Werdegang sowie zu familiären Verhältnissen unverzichtbare Hintergrundinformation zur Erstellung einer biographischen Skizze liefern.

Darüber hinaus werden in dieser Arbeit erstmals Zeitungsartikel Joachim von Stülpnagels ausgewertet, die dieser von 1924 bis 1932 in der Berliner Börsenzeitung unter Pseudonym veröffentlichte. Mit der Auswertung dieser zahlreichen Zeitungsartikel ist es möglich, neben den rein dienstlichen Äußerungen als Reichswehroffizier und den später verfassten, persönlich gefärbten Erinnerungen Joachim von Stülpnagels, eine dritte zeitgenössische Quelle für diese Arbeit zu erschließen, die zeitnah und ohne dienstliche Rücksichtnahmen Einblicke in die persönliche Haltung und die Zielrichtung der Bestrebungen Joachim von Stülpnagels erlaubt. Gerade aus diesen Zeitungsartikeln soll versucht werden Rückschlüsse auf Mentalität und Selbstverständnis eines kaiserlich geprägten Offiziers in der Reichswehr zu ziehen. Dadurch soll ein Gesamtbild Joachim von Stülpnagels Person und Persönlichkeit entworfen werden, das es so in schriftlicher Form bisher nicht gibt.

1 Anmerkungen zum familiären Hintergrund und zur Erziehung – Prägung im Sinne der Monarchie

„Ich bin in meinem Herzen immer kaiserlich geblieben und habe auch aus dieser Einstellung niemals ein Hehl gemacht. Ich glaube, nicht zu viel zu sagen, wenn ich behaupte, daß das gleiche bei den meisten Offizieren, die einst im kaiserlichen Heer gedient hatten, der Fall war."[9]

Geboren am 5. März 1880 im schlesischen Glogau als Sohn des späteren Generals der Infanterie Ferdinand von Stülpnagel und Marie, geborene Bronsart von Schellendorf, wuchs Joachim von Stülpnagel als Enkel zweier berühmter Großväter auf: Sein Großvater Ferdinand von Stülpnagel (geboren 1810) war General der Infanterie und mit dem preußischen Prinzen Karl, dessen Quartiermeister er im Krieg von 1866 war, freundschaftlich verbunden. Der Großvater väterlicherseits wurde dann Kommandierender General des württembergischen Armeekorps, später war er Gouverneur von Berlin. Joachim von Stülpnagels anderer Großvater, Paul Bronsart von Schellendorf (geboren 1832), war ein in Preußen nicht weniger bekannter General. Während des Krieges 1870/71 war er Chef der Operationsabteilung im Großen Hauptquartier und arbeitete dort eng mit Helmuth von Moltke zusammen. 1883 wurde Paul Bronsart von Schellendorf zum preußischen Kriegsminister ernannt.

Durch diese familiären Bindungen zur Hohenzollernmonarchie und dem damit verbundenen gesellschaftlichen Umgang wuchs

[9] Stülpnagel, 75 Jahre, Seite 195.

Joachim von Stülpnagel in enger persönlicher Beziehung zum Kaiserhaus und damit zur Monarchie auf.[10]

In der preußischen Militäradelsfamilie von Stülpnagel kamen die Söhne schon früh mit dem militärischen Leben in Berührung.[11] Die Erziehung der heranwachsenden Söhne erfolgte fast selbstverständlich in Kadettenanstalten. Im Alter von zwölf Jahren wurde Joachim von Stülpnagel wie seine Brüder vor und nach ihm als Kadett ins Potsdamer Vorkorps gegeben, und er begann damit seine Laufbahn in Uniform.

In dieser militärischen Laufbahn konnten ihm seine familiären Beziehungen und die damit verbundenen gesellschaftlichen Verbindungen immer wieder Halt und Stütze geben. Er sollte in vierter Generation der Familie von Stülpnagel General werden.

Die Kadettenzeit im Potsdamer Vorkorps und dann im Kadetten-Hauptkorps von 1895 bis 1898 vertiefte die Sozialisation des Jugendlichen im monarchischen Sinne. Einige, ausschließlich adlige, Kadetten wurden für den Pagendienst am Kaiserhofe herangezogen. Aufgrund seiner äußeren Statur, seines Aussehens und wegen seines Familiennamens wurde Joachim von Stülpnagel Leibpage bei Kaiser Wilhelm II., kam damit bei monarchischen Veranstaltungen in unmittelbare Nähe des Kaisers. Noch in der Rückschau, beim Niederschreiben seiner Erinnerungen im Jahre 1955, zeigte sich Stülpnagel beeindruckt vom damaligen Glanz der höfischen Feste.[12]

---

[10] „In diesen Kindheitsjahren wurde in mein Herz die Liebe zum Kaiserhause gepflanzt." – Stülpnagel, 75 Jahre, Seite 11.

[11] Joachim von Stülpnagel lernte Schwimmen in einer Militär-Schwimmanstalt und im Alter von zehn Jahren musste er auf Veranlassung seines Vaters Exerzierübungen unter Aufsicht eines Unteroffiziers durchführen, „damit ich eine gute militärische Haltung gewinnen sollte." – Ebenda, Seite 15.

[12] Stülpnagel berichtet in seinen Erinnerungen von seiner Teilnahme als Page bei kaiserlichen Feiern, u.a. von der Zentenarfeier aus Anlass des hundertjährigen Geburtstages Kaiser Wilhelm I. und von einer Feier des Krönungsfestes mit einer Cour der neu dekorierten Ritter. Bei der Investitur der neuen Ritter des Schwarzen Adlerordens stand Stülpnagel hinter dem Kaiser auf dem Thron und hielt seinen Helm. Als Dank für

Joachim von Stülpnagel als 17jähriger Kadett im Dezember 1897 – Beginn eines Lebens in Uniform

Dabei fehlte ihm noch im Alter die kritische Distanz zur Erziehung in Kadettenanstalten im wilhelminischen Deutschland. Stülpnagel schrieb nichts über das Straf- und Disziplinierungssystem in der Kadettenanstalt, durch das eine emotionale Verankerung des monarchischen Systems bei den jugendlichen Kadetten erreicht wurde. „Die psychischen Kosten dieses Vorganges, das kaum erträgliche Leid der Kinder in diesem Erziehungssystem, sind von ehemaligen Kadetten fast völlig verdrängt“.[13] So auch bei Stülpnagel.

seinen Pagendienst erhielt Stülpnagel vom Kaiser einen Offizierdegen mit persönlicher Widmung. - Stülpnagel, 75 Jahre, Seite 17 – 28. Man kann sich leicht vorstellen, wie prägend diese Jugendjahre für das Verhältnis Stülpnagels zum Kaiserhaus und damit zur Monarchie zeitlebens waren.

[13] Vgl. Kutz, Martin: Historische und psychologische Wurzeln des traditionalistischen militärischen Erziehungsdenkens. Geistesgeschichtliche, sozialgeschichtliche und

Für ihn war dieser Lebensabschnitt ein durchaus normaler und wurde später von ihm als hervorragende Vorbereitung auf den Offizierberuf angesehen.

Seine familiäre Sozialisation, seine Erziehung im Kadettenkorps und seine persönlichen Eindrücke als Jugendlicher bei Hofe ließen Joachim von Stülpnagel zeitlebens zu einem glühenden Verehrer der Monarchie werden. Verstärkt wurde diese Einstellung – man kann von Prägung im Sinne der Monarchie sprechen – noch durch die unmittelbare Nähe zu Kaiser Wilhelm II., die Stülpnagels persönlichen Pagendienst bei Hofe mit sich brachte.

---

psychologische Vorüberlegungen zur Genese und Entwicklung militärischer Erziehung, in: Sicherheit und Frieden, Vierteljahresschrift für Sicherheit und Frieden 2/87, Seite 130. - Kutz spannt in seinem Aufsatz den Bogen von der militärischen Erziehung des 17. Jahrhunderts bis zum „Massenmord im nationalsozialistischen System als Konsequenz sinnentleerter Erziehung ." Wenn man auch diese gesamte Argumentationslinie nicht undiskutiert nachvollziehen will, so ist der Abschnitt 4.2 "Sozialisationsinstanzen und Sozialisationsmechanismen des Militärs im ausgehenden Kaiserreich", gestützt auf Erinnerungen von ehemaligen Kadetten, äußerst aufschlussreich zum Verständnis der Erziehung in kaiserlichen Kadettenanstalten. Vgl. auch Theweleit, Klaus; Männerphantasien, Band 2 (Männerkörper - zur Psychoanalyse des weißen Terrors), Reinbek bei Hamburg 1980.

2 Militärischer Werdegang bis zum Ende des Ersten Weltkriegs

Durch ein Immediatgesuch seines Vaters an den Kaiser und seine guten Leistungen im Kadettenkorps wurde Joachim von Stülpnagel unter Beförderung zum Secondeleutnant zum 15. März 1898 im 1. Garderegiment zu Fuß in Potsdam aufgenommen.

Stülpnagel als Leutnant im 1. Garderegiment zu Fuß in Potsdam (1903)

Das 1. Garderegiment zu Fuß kann als das elitärste Regiment des Kaiserreichs angesehen werden. Das Offizierkorps dieses Regiments setzte sich ausschließlich aus Adligen zusammen. Der Kaiser selbst war Chef des Regiments und alle kaiserlichen Prinzen dienten als junge Leutnants in diesem Regiment. Stülpnagel gehörte zur Leibkompanie des Kaisers aus diesem Regiment und diente deshalb an herausgehobener Stelle, beispielsweise als Offizier der Berliner Schlosswache oder als Offizier in der Ehren- und Fahnenkompanie bei besonderen Anlässen. Durch die Zugehörigkeit zu diesem Regiment wurde die monarchische Prägung des jungen Offiziers nachhaltig vertieft. In der Rückschau von 1955 relativierte Joachim von Stülpnagel zwar die Bedeutung der bis dahin an ihn verliehenen Orden[14], dennoch zählte er in seinen Erinnerungen die einzelnen Orden namentlich auf und stellte für die Potsdamer Zeit fest, „wie ernst und oft stolz man als junger Offizier dies alles in sich aufnahm.“[15]

1. Januar 1900: Stülpnagel (rechts im Vordergrund) führt als Leutnant im 1. Garderegiment zu Fuß die Ehrenformation vor dem Berliner Zeughaus

[14] Er bezeichnete die Orden als „Frühstücksorden“. Stülpnagel, 75 Jahre, Seite 37.

[15] Ebenda.

Trotz des äußeren Glanzes und mancher Anerkennung während seiner Dienstzeit als Gardeoffizier fühlte sich Stülpnagel nach eigenen Angaben in Potsdam „innerlich nicht voll ausgefüllt“ und in seiner „menschlichen Entwicklung gehemmt.“[16] Mehrmonatige Sprachaufenthalte auf Kosten des Vaters in der Schweiz und in Paris brachten nur eine Unterbrechung, keine grundsätzliche Änderung der persönlichen Situation Stülpnagels. Auch hier half sein Vater weiter. Durch Absprachen seines Vaters, der inzwischen Kommandierender General des V. Armeekorps in Posen geworden war, wurde Joachim von Stülpnagel zu Beginn des Jahres 1904 ins Hessische Leibgarde-Infanterie Regiment Nr. 115 nach Darmstadt versetzt. Dort erfuhr er ein viel freieres Leben und „eine größere Ungehemmtheit“[17] als in Potsdam.

Hier setzte wohl bei Stülpnagel eine Persönlichkeitsentwicklung ein, die sich in den Potsdamer Gardekreisen nicht entfalten konnte und die ihn seine Darmstädter Zeit als so wohltuend beschreiben ließen.[18] In diese Darmstädter Zeit fiel die Hochzeit Joachim von Stülpnagels und seine Vorbereitung auf die Aufnahme an die Kriegsakademie in Berlin. Stülpnagel bestand die Aufnahmeprüfung unter den fünfzig Besten von 800 Bewerbern und wurde zum 1. Oktober 1906 zur Kriegsakademie nach Berlin kommandiert.

---

[16] Stülpnagel, 75 Jahre, Seite 43. – Möglicherweise deutet sich durch diese Formulierung ein tief empfundenes Bedürfnis nach zwischenmenschlichen Beziehungen und weiterer persönlicher Entwicklung an, die er in der Kadettenanstalt und im höfischen, militärischen Potsdam nicht finden konnte.

[17] Ebenda, Seite 45.

[18] Vgl. Ebenda, Seiten 45 - 49.

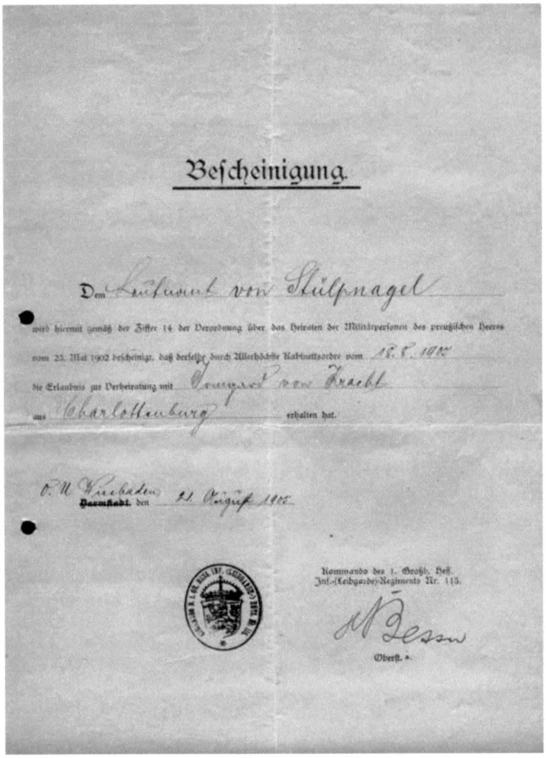

Bescheinigung.

Dem Leutnant von Stülpnagel

wird hiermit gemäß der Ziffer 14 der Verordnung über das Heiraten der Militärpersonen des preußischen Heeres vom 23. Mai 1902 bescheinigt, daß derselbe durch Allerhöchste Kabinettsordre vom 18. 8. 1905

die Erlaubnis zur Verheiratung mit [illegible] von Kracht

aus Charlottenburg erhalten hat.

O. U. Wiesbaden ~~Darmstadt~~, den 21. August 1905

Kommando des 1. Großh. Hess. Inf.-(Leibgarde)-Regiments Nr. 115.

[illegible]

Oberst.

Damals notwendig: Stülpnagels Heiratserlaubnis aus seiner Darmstädter Zeit beim Infanterieregiment 115 vom August 1905

Die dreijährige Akademiezeit mit der Ausbildung zum Generalstabsoffizier bedeutete für Stülpnagel geistige Betriebsamkeit, die Rückkehr nach Berlin und damit auch zur „großen Gesellschaft". Nun allerdings nicht mehr als junger Leutnant, sondern schon eher als gereifte und akzeptierte Standesperson. Die Stülpnagels verkehrten beim Kommandierenden General von Bülow, einem weitläufig Verwandten, und trafen bei diesen Gesellschaften unter anderem mit dem Grafen Schlieffen, dem Kriegsminister von Heeringen und mit Admiral von Tirpitz zusammen. Nach Beendigung der Ausbildung an der Kriegsakademie und nach einem weiteren halben Jahr

Dienst in seinem alten Darmstädter Regiment wurde Joachim von Stülpnagel zur Dienstleistung zum Großen Generalstab nach Berlin kommandiert. Er trat dort am 1. April 1910 seinen Dienst an, und zwar in der damals angesehensten und bedeutendsten Abteilung des Generalstabs, in der Aufmarschabteilung unter dem damaligen Oberstleutnant Ludendorff als Abteilungschef. Stülpnagel beschrieb Ludendorff später als den „Mann und Soldat, der nächst meinem Vater den stärksten Einfluss auf meine soldatische Entwicklung gehabt hat." Weiter schrieb er: „Wir Offiziere hingen damals in größter Verehrung an ihm und bewunderten seine Willenskraft und Arbeitsleistung."[19] Stülpnagel bezeichnete sich gar als „sein [Ludendorffs] Jünger."[20] Diese erste Zusammenarbeit zwischen Stülpnagel und Ludendorff sollte noch positive Auswirkungen auf Stülpnagels militärische Karriere haben, begründete sie doch ein dienstliches Verhältnis, auf das sich aufbauen ließ.[21]

Im März 1912 erfolgte die Versetzung in den Generalstab unter der Vorausbeförderung zum Hauptmann als Adjutant des Oberquartiermeisters I, General Stein. Joachim von Stülpnagel war damit am vorläufigen Ziel seiner Karrierewünsche angelangt, er gehörte nun zum Generalstab. In dieser Position gewann er durch Generalstabsreisen, Kaisermanöver und seine Tätigkeit als Adjutant sehr tiefe Einblicke in die preußische Armee. Vor allem aber lernte er „alle damals wichtigen Persönlichkeiten im Generalstab"[22] kennen, was regelmäßig nicht zum Nachteil gereichte. Nach eineinhalb Jahren Stabsarbeit im Großen Generalstab wurde von

---

19 Stülpnagel, 75 Jahre, Seite 64.

20 Ebenda, Seite 69.

21 Stülpnagel muss in der Aufmarschabteilung gute Arbeit geleistet und auch mit Ludendorff persönlich harmoniert haben. Im zweiten Jahr seiner Kommandierung wurde Stülpnagel Ludendorffs Bürooffizier, „quasi Adjutant, der das Büro der Abteilung führte, ihn [Ludendorff] in seinen persönlichen Arbeiten unterstützen musste und mit dem er oft seine sorgenden Gedanken und sein Wollen vertrauensvoll besprach." - Stülpnagel, 75 Jahre, Seite 65.

22 Ebenda, Seite 73.

Stülpnagel auf eigenen Wunsch in den Truppengeneralstabsdienst versetzt. Er wurde Dritter Generalstabsoffizier beim X. Armeekorps in Hannover unter General von Emmich, „der seine Stellung der guten Qualifikation meines [Stülpnagels] Vaters verdankte, unter dem er eine Division geführt hatte."[23] Bei der Festlegung dieses Dienstpostens war wohl auch der „Schatten" seines Vaters beteiligt. Auch mag die Tatsache, dass General von Bülow, ein Verwandter, in dessen Hause Stülpnagel schon in Berlin verkehrte, und wo er unter anderem den Grafen Schlieffen und Admiral Tirpitz kennen gelernt hatte, nach Hannover als Inspekteur versetzt worden war, mag einen Ausschlag für diese Entscheidung gegeben haben. Auf diesem Dienstposten erlebte Stülpnagel den Ausbruch des Ersten Weltkrieges.

In den Erinnerungen Stülpnagels kommen eine gewisse Selbstverständlichkeit und ein Automatismus zum Ausdruck, mit dem viele Offiziere 1914 in den Krieg zogen. Man spürt bei Joachim von Stülpnagel keine Zweifel oder Kritik an der Politik, die zum Ausbruch des Weltkriegs führte. Im Gegenteil: Auch Stülpnagel ließ sich von „der heiligen Begeisterung" ergreifen, die in der deutschen Bevölkerung vorherrschte und die „ihren stärksten Niederschlag in der Armee fand, namentlich im Offizierkorps. [...] Der Offizier war zu jedem Einsatz bereit, nicht nur aus selbstverständlichem Pflichtgefühl heraus, sondern in dem Empfinden, für die heiligsten nationalen Güter zu kämpfen und es seinen Vorfahren gleich zu tun."[24] So fühlte sich von Stülpnagel „im Vollgefühl des Rechts und [...] im Willen zur Bewährung, wie dies die Väter 1870 getan hatten."[25] Die Einstellung Stülpnagels zum ausbrechenden Krieg gipfelte in der Feststellung: „Für den aktiven Offizier war der Krieg

23 Stülpnagel, 75 Jahre, Seite 73.

24 Ebenda, Seite 80.

25 Ebenda, Seite 79.

eine sehr ernst zu nehmende Krönung seines Berufslebens."[26] Für Stülpnagel schloss sich damit der Kreis seiner bisherigen Ausbildung und seines Dienstes in der preußischen Armee und er sollte seine zugestandenerweise „sehr ernst zu nehmende" Bewährung im Krieg erfahren. Hier reiht sich der junge Gardeoffizier wie selbstverständlich in die Tradition preußischer Offiziere, in die Tradition seiner Familie ein.

Aus seinen Äußerungen werden zwei motivierende Grundelemente deutlich, die für Joachim von Stülpnagels Handeln in diesem Lebensabschnitt bestimmend waren: Einerseits die Familientradition, in der schon viele Angehörige der Familie Stülpnagel für ihren Monarchen als Offiziere dienten und sich bewährt hatten. Andererseits wird hier eine bestimmte Haltung zum eigenen Beruf, ein soldatisches Berufsethos deutlich. Dieses Berufsethos, bereits in den Kadettenjahren fest gefügt, stellte dem Monarchen Kriegshandwerk als zuverlässiges Instrument für eine Kriegführung zur Verfügung, weitgehend ohne Reflexion der eigenen Position. So erklärt sich auch Stülpnagels Haltung zum völkerrechtswidrigen Einmarsch in Belgien zu Beginn des Krieges, der von ihm als durchaus gerechtfertigt angesehen wird, weil es keine besseren Vorschläge gab, „wie man unter den damals gegeben Verhältnissen operativ diesen Krieg hätte besser beginnen können." Und: „Der Soldat konnte nur das Bestreben haben, den aufgezwungenen Krieg so schnell wie möglich siegreich zu beenden. Not bricht Eisen, [...]."[27]

Mit dieser rein soldatisch-handwerklichen Einstellung tat Stülpnagel im Kriege seine Pflicht, wo immer er auch eingesetzt wurde. Mit dem X. Armeekorps aus Hannover nahm er an der Erstürmung der Stadt Lüttich teil und wurde dabei verwundet. Im

---

[26] Stülpnagel, 75 Jahre, Seite 80.
[27] Ebenda, Seite 81.

Dezember 1914 wurde er einziger Generalstabsoffizier bei der 2. Gardedivision und mit dieser im April 1915 in den Osten verlegt. Im Rahmen des Gardekorps nahm er im Mai 1915 an der Durchbruchsschlacht von Gorlice teil. Bei der Beschreibung seiner Tätigkeiten in den unterschiedlichen Dienststellungen während des Ersten Weltkrieges spricht Stülpnagel oftmals ein wesentliches Element der Arbeitsweise und des Funktionierens des deutschen Generalstabs an: Es handelte sich dabei um die persönliche Kenntnis und Wertschätzung der anderen Generalstabsoffiziere und eine durch die Ausbildung bedingte Prägung und einheitliche Dienstauffassung.[28] Freie Zeit und Gelegenheit nutzte von Stülpnagel zur Verbindungsaufnahme mit dem Großen Hauptquartier. „Dort erfuhr ich die neuesten Nachrichten und besuchte meine alten Freunde aus dem Generalstab."[29] Ganz bewusst hielt Stülpnagel auch Verbindung zu Ludendorff. So unterbrach er 1917 seinen Heimaturlaub, um in Bad Kreuznach das Große Hauptquartier der Obersten Heeresleitung (im folgenden OHL) zu besuchen und mit Ludendorff und Hindenburg zu essen.[30] Nach der Versetzung zum Armeeoberkommando (AOK) 11 als Erster Generalstabsoffizier kämpfte Stülpnagel mit dem AOK 11 in Bulgarien und wurde im Dezember 1916 zum Major vorausbefördert. Chef dieses Kommandos wurde wenig später Oberstleutnant Reinhardt.[31] Stülpnagel

28 So schrieb von Stülpnagel beispielsweise über die Offiziere, die mit ihm im selben Stab dienten: „Chef des Generalkommandos war Oberst Graf Schulenburg, Erster Generalstabsoffizier des Generalkommandos war Bock, mein alter Kadettenfreund." - „Bei der Nachbardivision befand sich Hauptmann Fritsch. Ich kannte diesen schon aus Darmstadt als Artillerist und aus dem Generalstab." - Stülpnagel, 75 Jahre, Seite 95.

29 Ebenda, Seite 90.

30 Ebenda, Seite 118. - Als 1916 Stülpnagels Versetzung zur Heeresgruppe Below auf dem Balkan zunächst unbefriedigend verlief, weil er wieder eine Stelle als Generalstabsoffizier bei einer Division versehen sollte, schrieb er unter Umgehung des Dienstwegs an Ludendorff und erreichte dadurch, dass er Erster Generalstabsoffizier eines Armeeoberkommandos und damit auf höherer Ebene eingesetzt wurde.

31 Über Oberstleutnant Reinhardt, den späteren ersten Chef der Heeresleitung der Reichswehr, schrieb Stülpnagel: „Ich kannte ihn schon flüchtig aus dem Großen Generalstabe und aus der Somme-Schlacht und bin ihm später im Leben noch viel

verlebte 1917 sein ruhigstes Kriegsjahr: „Ich war jetzt an eine Nebenfront geraten, was mich schmerzte.“[32] Von der mazedonischen Nebenfront kam Joachim von Stülpnagel Ende März 1918 an die Westfront, zunächst zur besonderen Verwendung zur OHL, dann als Erster Generalstabsoffizier der 1. Armee.

Schlacht bei Reims 1918: Kaiser Wilhelm II. (mit Schutzbrille am Helm) beim Armeeoberkommando (AOK) 1 – Stülpnagel ganz links

begegnet.“ - Stülpnagel, 75 Jahre, Seite 110. Auch hier zeigte sich die persönliche Bekanntschaft vieler Generalstabsoffiziere.

[32] Stülpnagel, 75 Jahre, Seite 116.

Von Stülpnagel schätzte die Erfolgsaussichten in den großen Frühjahrsoffensiven des Jahres 1918 genauso hoffnungsvoll optimistisch ein wie die Vertreter in der OHL. Dort glaubte man, den Sieg über Russland zu einer umfassenden Mobilisierung aller Kräfte nutzen zu können, um eine Entscheidung an der Westfront zu erzwingen. Doch mangels materieller Ressourcen wollte die OHL mit einer umfassenden Propagandaaktion zunächst die Volksstimmung in der Heimat mobilisieren. Dazu sollte in den öffentlichen Schulen der neu eingeführte „Vaterländische Unterricht" die Wehrbegeisterung der Jugend stärken. Die erforderliche Massenbasis in der erwachsenen Bevölkerung sollte durch die Vaterlandspartei geschaffen werden. Die Vaterlandspartei stellte eine Art „außerparlamentarische Bewegung"[33] dar und war als Propagandainstrument konzipiert. Der extreme Nationalismus dieser Organisation oder des Alldeutschen Verbandes täuschte weite Teile der Bevölkerung über den Ernst der Kriegslage hinweg. Angesichts des stark gesunkenen Gefechtswertes der deutschen Truppen, der mangelnden Ausrüstung und der ungesicherten Versorgung war die Hoffnung auf einen strategischen Sieg, der den Frieden bringen würde, reine Illusion. Wenn schon die Zahlen und Fakten gegen einen erfolgreichen deutschen Angriff sprachen[34], so

---

33 Mommsen, Hans: Aufstieg und Untergang der Republik von Weimar, 1918 – 1933, Berlin 1998, Seite 21. - Die indirekte Organisation der Vaterlandspartei beruhte auf der kollektiven Mitgliedschaft von Parteien und Verbänden. Mit 1,2 Millionen Mitgliedern war die Vaterlandspartei die größte Massenorganisation des Kaiserreichs.

34 Vgl. die Literatur zu den Frühjahrsoffensiven 1918: Afflerbach, Holger: Die militärische Planung des Deutschen Reiches im Ersten Weltkrieg, in: Der Erste Weltkrieg. Wirkung, Wahrnehmung, Analyse, hrsg. von Wolfgang Michalka, München 1994, Seite 280 - 318. Feldman, Gerald D.: Armee, Arbeiterschaft und Staat in Deutschland 1914 - 1918, Berlin/Bonn 1985. Hardach, Gerd: Der Erste Weltkrieg 1914 – 1918, München 1973 (= Geschichte der Weltwirtschaft im 20. Jahrhundert, hrsg. von Wolfgang Fischer). Meier-Dörnberg, Wilhelm: Die große deutsche Frühjahrsoffensive 1918 zwischen Strategie und Taktik, in: Operatives Denken und Handeln in deutschen Streitkräften im 19. und 20. Jahrhundert, hrsg. vom Militärgeschichtlichen Forschungsamt, Herford/ Bonn 1988.

musste nach Stülpnagels Meinung „ein starker Führerwille noch einmal an das Schicksal appellieren und einen deutschen Sieg zu erzwingen suchen."[35] Stülpnagel zeigte sich hier ähnlich realitätsfern wie die OHL zum Ende des Krieges, als pure Willenskraft gegen amerikanische Reserven und Nachschublieferungen gesetzt wurden.

Nach einer Zwischenverwendung im August 1918 als Erster Generalstabsoffizier einer neu aufgestellten Heeresgruppe Boehn, wurde Stülpnagel auf Veranlassung Ludendorffs auf eine der bedeutendsten Generalstabsstellen des Heeres versetzt. Er wurde Chef der Operationsabteilung bei der OHL. Er diente damit im Stabe des Chefs des Generalstabs, gehörte zum engsten Führungskreis der Armee um Hindenburg und Ludendorff. In dieser Position zeigte sich ein weiterer Charakterzug Joachim von Stülpnagels, der durch die Ausbildung zum Generalstabsoffizier besonders ausgeprägt wurde, dem Dienen „um der Sache wegen." Darunter kann man einerseits ein unkritisches Verständnis der eigenen Position verstehen, bei dem es um die Ausübung des rein soldatischen Handwerks geht. Dabei kam es auf den politischen Zweck und das Ziel der soldatischen Berufsausübung weniger an, als auf eine unreflektierte, aber vor allem funktionierende Bereitstellung des Gewaltmittels Militär. Diese Einstellung kommt in den Erinnerungen Joachim von Stülpnagels immer wieder zum Vorschein.[36]

„Einer Sache zu dienen" bedeutete für Stülpnagel andererseits aber auch unbequeme Wahrheiten auszusprechen und gegen Widerstände auf Besserung zu dringen. So war es nach seiner eigenen Aussage Joachim von Stülpnagel, der in der OHL den

---

[35] Stülpnagel, 75 Jahre, Seite 123.

[36] Es komme nach Stülpnagel in ernsten Lagen darauf an, „nüchtern die gegebenen Tatbestände zu erkennen, seine Pflicht zu tun und das Menschenmögliche zu leisten." - Stülpnagel, 75 Jahre, Seite 109f. - Gab es in einem Stab persönliche Differenzen zwischen dem Kommandeur und etwa dem Chef des Stabes, so sah sich Stülpnagel gezwungen, „der Sache wegen wieder viel [zwischen den beteiligten Offizieren] ausgleichen" zu müssen. - Ebenda, Seite 117.

drohenden Zusammenbruch des Feldheeres in den letzten Kriegsmonaten erkannte und direkt aussprach. Stülpnagel habe bei Ludendorff auf die unabdingbare Notwendigkeit eines Verzichtfriedens gedrungen und wollte diese unbequeme Wahrheit auch dem Kaiser und der deutschen Öffentlichkeit bekannt gegeben wissen.[37] Das Aussprechen von unbequemen Wahrheiten und das Dringen auf Besserung zeugen von einer Selbständigkeit des eigenen Urteils, einem großen Selbstbewusstsein und von der Entwicklung hin zu einer eher kritischen Persönlichkeit. Dieser Charakterzug wird Joachim von Stülpnagel später von anderen Offizieren als "Eigensinn" vorgeworfen werden.

Unter dem Eindruck der erfolgreichen alliierten Offensive am 26. September 1918, der Kapitulation Bulgariens und der sich abzeichnenden Auflösung Österreich-Ungarns verlangte Ludendorff die unverzügliche Herausgabe eines Waffenstillstandsangebots. Ludendorff wollte damit eine offene militärische Niederlage abwenden, gleichzeitig aber die Verantwortung für den verlorenen Krieg abgeben. „Von Anfang an war damit die Lebenslüge angelegt, daß nicht die Front, sondern die Heimat versagt hätte."[38] Diese Einschätzung wird ebenso bei Stülpnagel deutlich: „Die Front hielt dem unaufhörlichem Trommelfeuer Tag und Nacht in jenen Novembertagen stand. Vor sich den Tod, hinter sich die Revolution, das äußerste Bild einer verzweifelten militärischen Lage. [...] So

---

37 Stülpnagel, 75 Jahre, Seite 138. - Stülpnagel führte nach seinen Aufzeichnungen am 25. September 1918 morgens allein ein Gespräch mit Ludendorff, das dann zur weiteren Abstimmung zwischen Ludendorff und Hindenburg am 28. September und zur Forderung der OHL nach dem Waffenstillstandsangebot vom 29. September geführt habe. Ludendorff schrieb in seinen Erinnerungen nur, dass er am 28. September 1918 Hindenburg „meine [Ludendorffs] Gedanken über Friedens- und Waffenstillstandsangebot vorgelegt" habe, die dann die „Grundlage für die Beratung mit dem Staatssekretär von Hintze war". Einen Impuls durch Stülpnagel erwähnte Ludendorff nicht, was jedoch nicht gegen Stülpnagels Version sprechen muss. - Vgl. Ludendorff, Erich: Meine Kriegserinnerungen 1914 - 1918, Berlin 1919, Seite 582 f.

38 Mommsen, Aufstieg, Seite 24.

lange der Krieg andauerte, war die Revolution ohne jedes nationale Wollen der Dolchstoß. [...] So wie sich die Ereignisse Oktober/November 1918 abspielten, hat die Revolution das Rückgrat des Heeres gebrochen und eine schmähliche Kapitulation herbeigeführt, die uns nach Versailles zwang."[39] In einer Vorbemerkung zu diesem unter dem Kürzel E.L. erschienenen Zeitungsartikel vom 16. September 1928 heißt es: „Um der Gefahr rechtzeitig entgegenzutreten, daß Zank und Streit über jenes problematische deutsche Thema neue Mißstimmungen schaffen und neue Abgründe im Volke aufreißen, geben wir im folgendem einer Persönlichkeit, deren Stellung in damaliger Zeit hinreichende Gewähr für authentische Darstellung und objektive Beurteilung bietet, das Wort zu einer Schilderung der Zusammenhänge, aus denen Katastrophe und Zusammenbruch entstanden."[40] Mit seinen Äußerungen griff Stülpnagel zehn Jahre nach Kriegsende die Legende vom Dolchstoß wieder auf, die seit 1919 als Erklärungsmuster gegen die Weimarer Republik herangezogen wurde: Militärisch sei die Lage zwar angespannt gewesen, aber „zu einer Kapitulation lag militärisch kein Grund vor. Alle, die als Soldaten in diesen Tagen mitwirkten, haben an einen ehrenvollen Frieden gedacht." Schon vorher habe sich die Missstimmung im Lande gesteigert. Die Parlamentarisierungsbestrebungen und die innenpolitischen Forderungen dieser Monate waren „ein schweres Vergehen gegen die Interessen der Nation."[41]

Mit dem populären Stichwort des Dolchstosses argumentierte Joachim von Stülpnagel noch 1928 aktiv gegen das System von Weimar! Die Dolchstoßlegende entlastete das alte Regime und die rein militärisch denkenden und handelnden Offiziere von der Niederlage und belastete das neue Regime mit der Niederlage und

---

[39] „Die Revolution 1918. Unglück und Schuld" – Berliner Börsen-Zeitung vom 16. September 1928.

[40] Ebenda.

[41] Ebenda.

den Folgen für die Gegenwartsmisere. Damit wirkte die Dolchstoßlegende selbst wie ein Dolchstoß – ein Dolchstoß in den Rücken des neuen Staates, der Weimarer Republik. Den Waffenstillstand am 11. November 1918 erlebte Stülpnagel bei der OHL mit der Ausarbeitung von Rückführungsplänen für das Westheer, seit dem 28. Oktober 1918 entbunden von seinem, gerade bei ihm sehr persönlich verstandenen, Eid auf den Kaiser. Dennoch zeigte Stülpnagel hier weiterhin preußischen Arbeitseifer: „Eine Idee war zerbrochen, die Pflicht blieb. Sie hieß, persönlich die Zähne zusammenzubeißen [...]“[42]

Januar 1919: Die Oberste Heeresleitung (OHL) vor Schloss Wilhelmshöhe (Stülpnagel in der zweiten Reihe links oberhalb von Hindenburg)

[42] Stülpnagel, 75 Jahre, Seite 149.

3 In den Anfangsjahren der Weimarer Republik (1918 bis 1922)

„Ich dachte rein soldatisch und übersah die kommende politische Entwicklung nicht genügend. Mir schien es die Pflicht des Soldaten, dem Staatsmann die ungeschminkte Wahrheit zu sagen in der Erwartung, daß dieser, mit der Regierung, in innerer Festigkeit die Folgerungen aus der militärischen Lage ziehen würde und daß das Volk sich in der höchsten Gefahr über alle innenpolitischen Gegensätze hinweg zusammenschließen müßte. [...] Ich hatte nur eine soldatische Aufgabe, und alles das, was über diesen Rahmen hinausging, war meiner offiziellen Verantwortung entrückt und gab mir auch nicht die Möglichkeit eines Einflusses. Dies alles rührt an die Frage, in wie weit der Offizier politisch denken lernen muß.“[43]

Dieses Zitat aus Joachim von Stülpnagels Erinnerungen zu den Anfangsjahren der Weimarer Republik verdeutlicht einmal mehr die „rein soldatische“ Haltung, die er in seinem bisherigen, militärisch geprägten Leben eingenommen hatte. Es verdeutlicht aber ebenso Stülpnagels rein militärische Sichtweise, nach der er die gesamte deutsche Politik ausgerichtet sehen wollte: Stülpnagel sah nicht die politischen Verwerfungen und Spannungen der deutschen Gesellschaft oder die enormen wirtschaftlichen Probleme der Kriegswirtschaft. Er wollte nur Folgerungen aus der militärischen Lage erkennen, die berücksichtigt werden müssten und damit politikbestimmend würden. Diesen Punkt gilt es im Folgenden, im Zusammenhang mit der so genannten Stülpnagel-Denkschrift, näher zu betrachten.

Das „politische Denken“, das Denken in gesellschafts- und wirtschaftspolitischen Kategorien, das Denken in realistischen und

[43] Stülpnagel, 75 Jahre, Seite 139.

realisierbaren, politisch in konkretes Handeln umsetzbaren Maßnahmen war bei Joachim von Stülpnagel in den Anfangsjahren der Weimarer Republik noch nicht ausgeprägt vorhanden. Es musste sich erst allmählich entwickeln und ausprägen, und zwar in der Auseinandersetzung mit den Handelnden der neuen Weimarer Republik. Nach eigener Aussage übersah von Stülpnagel direkt am Ende des Ersten Weltkrieges „die kommende politische Entwicklung nicht genügend." Doch dazu waren, angesichts der sich entwickelnden revolutionären Erhebung in Deutschland, die sich im November 1918 vielerorts vollzog, auch die politischen Parteien nicht ausreichend in der Lage.

Insgesamt wollte von Stülpnagel die Wirren in der Anfangszeit der Weimarer Republik möglichst schnell überwunden wissen. Stülpnagels bisherigem Erfahrungshorizont als Generalstabsoffizier widersprach es vor allem, dass nach seiner Auffassung „viel geredet und wenig gehandelt"[44] wurde. Aus Äußerungen in dieser Zeit wird eine gewisse Ablehnung der meisten deutschen Politiker deutlich, denen er vorwarf, „weder Legitimation der Bildung noch der Leistung" zu haben, und die nicht „die Kraft fanden, ihre Parteiinteressen dem Wohl des Staates und des Volkes unterzuordnen."[45] Stülpnagel berücksichtigt bei diesem Vorwurf nicht, dass es zur damaligen politischen Mentalität der Parlamentarier gehörte, dass in der Zusammensetzung des Parlaments die unterschiedlichen gesellschaftlichen Interessen möglichst genau abgebildet sein sollten, während die Aufgabe, regierungsfähige Mehrheiten zu schaffen, eher nachrangig betrachtet wurde. So wurde das Parlament als „Spiegelbild der pluralistischen Interessen der Gesellschaft" verstanden, dem es mehr auf den „Ausgleich gesellschaftlicher

---

[44] Stülpnagel, 75 Jahre, Seite 160.
[45] Ebenda, Seite 171.

Interessen in der Gesetzgebung"[46] ankam und weniger auf zielgerichtete Regierungsarbeit.

Stülpnagel schwebte ein 'soldatisches Prinzip' als mögliches Lösungsmodell für die Überwindung der deutschen Staatskrise vor. „Die Idealisierung der deutschen Heeresorganisation und des kriegswirtschaftlichen Systems im Ersten Weltkrieg"[47] wurde von ihm als politische Organisationsform der Zukunft gesehen. Stülpnagel war es bisher gewohnt, dass befohlen und gehorcht wurde, dass einem einheitlichen Willen und Befehl gefolgt wurde, und er vermisste deshalb bei wechselnden Regierungen einen klar verfolgten, den Parteiinteressen übergeordneten politischen Willen. Aus Äußerungen Stülpnagels dieser Zeit wird neben der allgemeinen Abneigung der Wirren und Kämpfe im Innern Deutschlands eine gewisse Orientierungslosigkeit deutlich. Die kaiserlichen Offiziere verloren ihr bisheriges Werte- und Bezugssystem, sie waren an keinen Eid mehr gebunden. Die neue Republik konnte hier noch keinen Ersatz anbieten. Erst allmählich musste sich daher ein neues Verhältnis zwischen Militär und Weimarer Republik herausbilden.

3.1 Waffenstillstand und Novemberrevolution in Deutschland

In aussichtsloser militärischer Lage hatte Ludendorff seitens der Obersten Heeresleitung (OHL) am 29. September 1918 einen sofortigen Waffenstillstand gefordert, weil er einen Durchbruch der Alliierten im Westen befürchtete. Die OHL hatte bisher gegenüber

46 Mommsen, Aufstieg, Seite 87.

47 Mommsen, Militär und zivile Militarisierung 1914 – 1938, Seite 272, in: Frevert, Ute: Militär und Gesellschaft im 19. und 20. Jahrhundert, Stuttgart 1997, (= Industrielle Welt. Schriftenreihe des Arbeitskreises Moderne Sozialgeschichte, Bd. 58), Seite 265 – 276.

der deutschen Öffentlichkeit, gegenüber Reichsleitung und Parlament niemals die Möglichkeit auch nur erwähnt, den Krieg möglicherweise verlieren zu können. Im Gegenteil: Bis zuletzt herrschte in weiten Kreisen der deutschen Öffentlichkeit die Hoffnung auf einen deutschen Siegfrieden. Die Forderung Ludendorffs an die Regierung nach einem Waffenstillstand war gekoppelt mit dem Verlangen nach einer weitergehenden Parlamentarisierung. Ludendorff war politisch klug genug zu wissen, dass nur eine auf der Grundlage einer parlamentarischen Mehrheit gebildete Reichsleitung in der Lage sei, bei den Alliierten um einen annehmbaren Friedensschluss nachzukommen.

Bereits im Juli 1917 wurde der seit Kriegsbeginn herrschende innenpolitische Burgfrieden im Kaiserreich aufgegeben. Die Bewilligung von Kriegskrediten durch die im Reichstag vertretenen Parteien wurde davon abhängig gemacht, ob die Reichsleitung dazu bereit sei, sich zu einer weitgehenden Parlamentarisierung und Demokratisierung des Reiches und Preußens zu entschließen und einen baldigen Verständigungsfrieden herbeizuführen.

Ein am 6. Juli 1917 gebildeter Interfraktioneller Ausschuss, ein Koordinierungsgremium aus Mehrheits-Sozialdemokratie, Zentrum, Freisinniger Volkspartei und Nationalliberalen, sollte das weitere Vorgehen im Parlament steuern. Der Interfraktionelle Ausschuss fungierte bis zum Sturz des Kaiserreichs als „parlamentarisches Koordinierungselement, das die Interessen der Reichstagsmehrheit gegenüber der kaiserlichen Regierung und der OHL zum Ausdruck brachte.“[48] Am 19. Juli 1917 wurde eine „Friedensresolution“ vom Reichstag verabschiedet. Aber weitere Folgen hatte diese Geburtsstunde des Parlamentarismus in Deutschland nicht. Angesichts des fortdauernden Kriegszustandes fehlten der Mut der Parteien zu radikaleren Forderungen und vor allem der Mut, die Bewilligung

---

[48] Mommsen, Aufstieg, Seite 16.

weiterer Kriegskredite von der Durchsetzung der uneingeschränkten Parlamentarisierung abhängig zu machen.

Ludendorff griff nun mit seinen Forderungen geschickt die zunehmenden politischen Bemühungen um eine weiter reichende Parlamentarisierung auf und nahm dadurch die OHL unmittelbar aus der Verantwortung für den verlorenen Krieg und dessen Folgen heraus. Damit hatte er die Verantwortung der OHL für die ausweglose militärische Situation und für die nun folgenden Waffenstillstands- und Friedensverhandlungen auf einen Sündenbock außerhalb des Militärs abwälzen können. Das Kalkül Ludendorffs beschrieb Wilhelm Groener später: „Mir konnte es nur lieb sein, wenn bei diesen unglückseligen Verhandlungen, von denen nichts Gutes zu erwarten war, das Heer und die Heeresleitung so unbelastet wie möglich blieb [...]. Es kam mir und meinen Mitarbeitern darauf an, die Waffe blank und den Generalstab für die Zukunft unbelastet zu erhalten.“[49]

Dass diese Vorgehensweise Ludendorffs taktisch geschickt zum Ziel führte zeigte sich auch bei Joachim von Stülpnagel. Für ihn lag die Verantwortlichkeit für die festgefahrene militärische Lage eindeutig bei den Versäumnissen der Regierung. In einem rückblickenden Zeitungsartikel schrieb Stülpnagel 1928, dass die OHL angeblich „in verschiedenen Unterredungen mit den führenden Staatsmännern und in vielen Schreiben ihrer Sorge über den Kriegsausgang Ausdruck gab.“ Weiter schrieb er, dass „der Staatsmann, wie Bismarck es gegenüber Moltke tat, die oberste Verantwortung für die Führung des Staates trägt.“ Es sei die Pflicht der Regierung gewesen, „auf eine nüchterne Darstellung der militärischen Lage zu drängen und unter Beurteilung der noch vorhandenen Volkskraft ihre Entschlüsse zu fassen.“[50] Dieser

[49] Groener, Lebenserinnerungen, Seite 449.

[50] „Die Revolution 1918. Unglück und Schuld“ - Berliner Börsen-Zeitung vom 16. September 1928.

Auffassung war Stülpnagel noch immer bei der Niederschrift seiner Erinnerungen im Jahr 1955: „Es fehlte [...] die starke Hand und der harte Wille eines Kaisers oder Kanzlers, der alle Dinge, nüchtern übersehend, allein die Zukunft von Volk und Staat im Auge hatte und die Verantwortung vor der Geschichte übernahm. Wie bei Kriegsanfang, so bei Kriegsende hat allein der Staatsmann das Wort."[51]

Stülpnagel vergaß dabei, dass das eigentliche Machtzentrum des Kaiserreiches gegen Ende des Krieges bei der 3. OHL mit dem populären Generalfeldmarschall von Hindenburg und seinem Ersten Generalquartiermeister Ludendorff lag, und dass Reichskanzler Graf Hertling in keiner Weise mit einem Reichskanzler Bismarck verglichen werden konnte.[52]

Hier klingt Stülpnagels Verständnis von einem durch starke Persönlichkeiten geprägten Geschichtsverlauf an. Deutlicher als in späteren Zeitungsartikeln kann diese Vermutung in Stülpnagels Erinnerungen nachgewiesen werden: Als Wilhelm II. das unruhige Berlin verließ und am 30. Oktober 1918 im Großen Hauptquartier in Spa bei einem Abendessen erschien, zeigte sich Stülpnagel enttäuscht darüber, dass über den Ernst der Lage und die vorher erfolgte Trennung von Ludendorff kein Wort fiel. Und weiter: „Wir hatten eine kurze Ansprache des Kaisers erwartet, wie sie einst Friedrich der Große vor der Schlacht von Leuthen seinen Generalen gehalten hatte."[53] Dieser Vergleich verdeutlicht, dass auch Stülpnagel den politischen und militärischen Ernst der Situation nicht nüchtern beurteilt hatte. Dass tatsächlich ein letzter Appell des Monarchen an seine Generale zu einem ehrenvollen Kampf erwartet

51 Stülpnagel, 75 Jahre, Seite 137f.

52 Der bayerische Ministerpräsident Graf Hertling war ein 74-jähriger Philosophieprofessor, halb blind und der politischen Lage kaum gewachsen. Siehe Schulze, Hagen: Weimar. Deutschland 1917 – 1933, Berlin 1998, Seite 146.

53 Stülpnagel, 75 Jahre, Seite 144.

wurde, zeugt von einer sehr idealistischen, beinahe naiv anmutenden Sichtweise.

Nach Stülpnagels Meinung dachte die OHL „rein soldatisch nur an den Sieg und setzte ihre Truppen zu immer neuen Angriffen ein. So verzehrten sich allmählich ihre Kräfte. Die an sich militärisch nicht ungünstige Lage des deutschen Heeres in den ersten Sommermonaten 1918 wurde politisch nicht dahin ausgenutzt, um einen Frieden herbeizuführen [...]"[54] Die von Ludendorff, oberflächlich betrachtet, „zur Machtübernahme befohlenen Parteien"[55] einigten sich auf Prinz Max von Baden als Verlegenheitskandidaten, der am 2. Oktober 1918 zum ersten parlamentarischen Reichskanzler ernannt wurde. Das Kabinett des Prinzen von Baden stützte sich auf die Parteien des Interfraktionellen Ausschusses und „vermischte parlamentarische mit bürokratischen Elementen insofern, als der Kanzler zwar dem Kaiser verantwortlich, aber auf Betreiben der Mehrheitsparteien berufen worden war."[56] Mitten in den Verhandlungen zur Bildung einer mehrheitsfähigen Regierung wurden die neuen Staatssekretäre am 3. Oktober 1918 von einem Abgesandten der OHL über die tatsächliche militärische Lage unterrichtet. Dass die militärische Lage hoffnungslos war, wurde der neuen Reichsleitung jetzt sehr deutlich. Hinzu kam die ultimative Forderung Ludendorffs nach einem Waffenstillstand binnen 24 Stunden. Nach Stülpnagels später geschriebenem Zeitungsartikel bezweckte dieses Ultimatum jedoch nichts anderes, „als einen Druck auf die endliche Bildung einer Regierung [auszuüben] und der Schaffung klarer Verhältnisse in Berlin."[57] Von der neuen politischen Führung wurde das Ultimatum jedoch als solches verstanden und führte denn auch

54 „Die Revolution 1918. Unglück und Schuld" - Berliner Börsen-Zeitung vom 16. September 1928.

55 Schulze, Weimar, Seite 149.

56 Mommsen, Aufstieg, Seite 27.

57 „Die Revolution 1918. Unglück und Schuld" - Berliner Börsen-Zeitung vom 16. September 1928.

unmittelbar zu Verhandlungen um eine Waffenruhe. Noch in der gleichen Nacht ersuchte Deutschland den amerikanischen Präsidenten Wilson um einen Waffenstillstand.

Die amerikanische Antwort vom 23. Oktober 1918, am Ende eines wochenlangen Notenwechsels, beinhaltete die Forderung, dass der Waffenstillstand eine Wiederaufnahme der Feindseligkeiten seitens Deutschlands unmöglich machen solle. Die OHL reagierte auf die dritte Note des amerikanischen Präsidenten ohne vorherige Rücksprache mit der neuen Reichsleitung mit einem Tagesbefehl, der die Armee zur Fortsetzung des heroischen Widerstandskampfes aufforderte – das verdeutlicht einmal mehr die mittlerweile völlig realitätsfremde Einstellung der militärischen Führung! Der Reichskanzler setzte sich in dieser Situation mit der Forderung nach einheitlicher Führung und einer Beendigung der bisherigen Parallel-Regierung durch die OHL durch und erreichte Ludendorffs Abschied als Erster Generalquartiermeister.

Aus diplomatischen Kreisen sickerte durch, dass nur die Abdankung Wilhelms II. einen günstigen Waffenstillstand ermöglichen würde. Am 1. November teilte der Staatssekretär des Inneren Wilhelm II. mit, dass nach Meinung des Kabinetts der Rücktritt des Kaisers unumgänglich sei. Als am 9. November Nachrichten vom Umsturz in Berlin im Großen Hauptquartier eintrafen, wurde Wilhelm II. überzeugt, dass es besser sei zurückzutreten. Am frühen Morgen des 10. November 1918 setzte sich der kaiserliche Hofzug in Richtung holländische Grenze in Bewegung.

Mit den Verhandlungen über einen Waffenstillstand wurde schließlich der linke Zentrumspolitiker Matthias Erzberger beauftragt. Am 11. November 1918 unterschrieb Erzberger die ungewöhnlich harten Waffenstillstandsbedingungen, mit denen Deutschland außer Stande gesetzt werden sollte, den Krieg fortzusetzen.

Die revolutionäre Bewegung, die seit dem 4. November 1918 einsetzte, war provoziert durch das eigenmächtige Vorgehen der Seekriegsleitung in diesen Tagen. Die Marinebefehlshaber wollten verhindern, dass die Marine kampflos den Krieg beendet, und sie hat mit einem Vorstoß der Hochseeflotte die britischen Seestreitkräfte zum ehrenvollen Endkampf stellen wollen. Die Besatzungen verweigerten sich diesem Befehl und bildeten Matrosenräte zu Verhandlungen mit den Marinebefehlshabern. Dies war der Anstoß zu einer allgemeinen revolutionären Erhebung, bei der sich nach einer Phase der größten äußeren Entbehrungen und psychologischen Anspannung das soziale Konfliktpotenzial entlud, das sich während des Krieges aufgestaut hatte. Darum sprang auch der Funke von Kiel auf andere Flottenstützpunkte und auf viele Großstädte über. Nach Mommsen richtete sich die Volksbewegung, die das Regime in den ersten Novembertagen hinweg schwemmte, „gegen die angemaßte Autorität der militärischen Träger des Systems und die ihm zugrunde liegende soziale Ungerechtigkeit."[58]

Die revolutionäre Erhebung im November 1918, die zur spontanen Bildung von Arbeiter- und Soldatenräten führte, war allerdings nicht das Werk der organisierten Arbeiterbewegung. Deshalb ging die revolutionäre Initiative nicht von den sozialistischen Parteien und Gliederungen aus, sondern wurde von spontan gebildeten Arbeiter- und Soldatenräten getragen. Die allerorts sich formierenden Räte übernahmen vorübergehend sowohl die zivile Verwaltung als auch das Kommando in den Kasernen. Die Arbeiter- und Soldatenräte „füllten dergestalt das politische Vakuum aus, das durch den Zerfall der Militärherrschaft entstanden war."[59]

Bei den Soldatenräten war die Aufhebung der Standesunterschiede zwischen den Offizieren und den Mannschaftsdienstgraden

[58] Mommsen, Aufstieg, Seite 33.
[59] Ebenda, Seite 41.

ein vorherrschendes Motiv. Deswegen wurde die Grußpflicht außer Dienst ebenso abgeschafft wie die bei den Dienstgradgruppen unterschiedlichen Verpflegungssätze. Das Verbot des symbolischen Waffentragens wurde teilweise durch gewaltsame Entwaffnung der Offiziere handgreiflich durchgesetzt. Dies alles kann als unmittelbare Reaktion auf das seit Jahrzehnten im Kaiserreich vorherrschende Standessystem verstanden werden, das zu einer Situation führte, in der gerade jetzt die untersten Dienstgradgruppen zur heftigen Überreaktion gegen Offiziere neigten. Die Einrichtung von Arbeiter- und Soldatenräten lehnte Stülpnagel wie die meisten Offiziere ab, er forderte gar „den offenen Kampf mit ihnen [den Arbeiter- und Soldatenräten] aufzunehmen."[60] Die Soldatenräte gingen zu sehr gegen sein soldatisches Gehorsams- und Hierarchieverständnis.

Die Arbeiter- und Bauernräte hingegen beschränkten sich überwiegend darauf, Kontrollfunktionen in den Betrieben wahrzunehmen und trugen dadurch „in erheblichem Umfang zur Aufrechterhaltung der öffentlichen Ordnung bei."[61] Mommsen erkennt in der Rätebewegung eine „Fähigkeit zu geordneter demokratischer Selbstorganisation"[62] an. Den Führern der Freien Gewerkschaften und der Mehrheitssozialdemokratie (MSDP) war jedoch die improvisierte Tätigkeit vieler Räte zuwider. Die in ihren Handlungen spontanen Arbeiter- und Bauernräte passten nicht in das Bild der organisierten Disziplin und zentralen Führung, wie sie bei den Funktionären der Gewerkschaften und in der MSPD vorherrschte. Überhaupt herrschte ja in diesen ersten Novembertagen auf allen Seiten Unsicherheit über die weitere politische Entwicklung.

Unterschiedliche und weit verbreitete revolutionäre Aktionen und Handlungen schienen auf die Einrichtung einer Räterepublik

---

[60] Stülpnagel, 75 Jahre, Seite 156.
[61] Mommsen, Aufstieg, Seite 43.
[62] Ebenda.

abzuzielen, was von großen Teilen der deutschen Bevölkerung – so auch von Stülpnagel – mit dem „Untergang des Vaterlandes“[63] und Chaos gleichgesetzt wurde. Die Radikalisierung der deutschen Politik musste eingedämmt, Gesetz und Ordnung wieder hergestellt werden. Die innenpolitischen Verhältnisse mussten im Interesse von Staat, Nation und Demokratie in ruhigere, geordnete Bahnen gelenkt werden. Dazu braucht man jedoch ein starkes, zuverlässiges Instrument in der Hand der politischen Führung.

Die Oberste Heeresleitung (OHL) stand vor der schwierigen Situation, dass bereits im Feldheer Auflösungserscheinungen auftraten und dass die Soldatenräte in der Heimat sowie der Etappe des Feldheeres Einfluss auf die weitere Entwicklung zu nehmen suchten. Damit war zu befürchten, dass im Feldheer die Kommandogewalt bestritten und dadurch die Autorität der Offiziere in Frage gestellt werden würde. In dieser Lage brauchte die OHL dringend die rechtliche Legitimation und die politische Unterstützung der neuen Regierung. Unter dem Zwang zur Erfüllung der Waffenstillstandsbedingungen und unter dem innenpolitischen Druck, den die Arbeiter- und Soldatenräte ausübten, versicherten sich der am 9. November 1918 aus Mitgliedern der SPD und der USPD gebildete Rat der Volksbeauftragten und die OHL ihrer gegenseitigen Zusammenarbeit.

Friedrich Ebert hatte am 10. November die Zustimmung der vereinigten Berliner Arbeiter- und Soldatenräte zum Rat der Volksbeauftragten gefunden. Der Rat mit Ebert an der Spitze glaubte, auf die weitere Mitarbeit unentbehrlicher Fachleute in Regierung und Verwaltung, besonders der Beamten und der Offiziere, nicht verzichten zu können. Indem er die bisherige Beamtenschaft im Amt beließ, bewahrte er die Kontinuität in der Staatsverwaltung. Das Offizierkorps und die OHL waren nach

[63] Stülpnagel, 75 Jahre, Seite 156.

Eberts Meinung allein in der Lage, zur Wiederherstellung von Ruhe und Ordnung im Staat beizutragen und die Erfüllung der Waffenstillstandsbedingungen zu gewährleisten. Das Ergebnis der telefonischen Unterredung zwischen General Wilhelm Groener, dem Nachfolger Ludendorffs als Erster Generalquartiermeister in der OHL, und Friedrich Ebert am 10. November 1918 fasste Groener in dem Satz zusammen: „OHL stellt sich der Regierung zur Verfügung."[64] Als Gegenleistung wurde die Kommandogewalt der Offiziere und der OHL über das Feldheer seitens der neuen offiziellen Regierung anerkannt sowie eine Eindämmung der Rätebewegung vereinbart. Dabei wollte sich die OHL nicht nur auf rein militärische Funktionen beschränken lassen, sondern sah ihre Aufgabe darin, im Zusammenwirken mit der MSPD „die Ausbreitung des terroristischen Bolschewismus in Deutschland zu verhindern."[65]

Die Wiederherstellung staatlicher Ordnung war für Stülpnagel ein inneres Bedürfnis, weshalb er die Zusammenarbeit zwischen Groener und Ebert dringend befürwortete. Bei Stülpnagel klingen denn auch vergleichbare Vorstellungen an. Er erkannte, dass sich in Deutschland „Unzufriedenheit und Unbotmäßigkeiten, geschürt von bolschewistischer Prägung"[66] breit machten und dass es nun darauf ankam, „dem [sic] Chaos zu steuern und dafür zu sorgen, daß die über die Grenzen zurückflutenden soldatischen Massen nach Möglichkeit die innere Auflösung nicht noch steigerten."[67] Aus diesem Zitat wird für die Zeit der Novemberereignisse Stülpnagels Wunsch nach „klaren Verhältnissen in Berlin"[68] deutlich.

---

64 Zitiert in: Wohlfeil, Heer und Republik, Seite 44.

65 Mommsen, Aufstieg, Seite 45. - Mommsen zitiert dabei aus: Schüddekopf, Otto-Ernst: Das Heer und die Republik, Quellen zur Politik der Reichswehrführung 1918 – 1933, Hannover und Frankfurt a.M. 1955, Quelle 20.

66 Stülpnagel, 75 Jahre, Seite 140.

67 Ebenda, Seite 151.

68 Ebenda, Seite 140.

Bei den Wahlen zur ersten Nationalversammlung am 19. Januar 1919 wählten nach Einschätzung Stülpnagels alle Offiziere der OHL deutschnational, „also die Partei, die das Erbe der Konservativen angetreten hatte und jedenfalls monarchisch war.“[69] Die angesprochene Deutschnationale Volkspartei (DNVP) stützte sich auf rechtsbürgerliche Verbände ab wie den Reichslandbund, der unter dem Einfluss ostelbischer Großgrundbesitzer stand, den Alldeutschen Verband sowie den Deutschnationalen Handlungsgehilfenverband, der eine Schlüsselfunktion im rechtsbürgerlichen Verbandswesen einnahm. Die DNVP fungierte als „Hort der konservativen Parteien des Kaiserreichs“[70] und wies eine personalpolitische Kontinuität zur Deutschen Vaterlandspartei auf. Stülpnagels Sympathie galt einer monarchischen Regierungsform, strikt lehnte er sozialistische Ideen ab. Er selbst hoffte auf „die Wiedererstehung der Monarchie nach englischem Muster“[71], die er für die beste deutsche, auch demokratische Regierungsform hielt. Damit unterstützte Stülpnagel die Linie der Deutschnationalen Volkspartei (DNVP), die zwar die unmittelbare Restauration der Hohenzollernmonarchie nicht verfolgte, aber am Prinzip der konstitutionellen Monarchie im Wege gesetzlicher Entwicklung festhielt. Durch diese Regierungsform hätte nach Meinung Stülpnagels „vielleicht in der Krise des Weltkrieges das Kaisertum erhalten [werden] können“.[72] Stülpnagel sah allerdings ein, dass es dazu im November 1918 zu spät war. Hans Mommsen urteilt, dass „ein frühzeitiger Thronverzicht des Kaisers vermutlich an der Beseitigung der durch den Ausgang des Krieges diskreditierten Staatsform nichts geändert“ hätte, weil „die Entscheidung über das Schicksal der deutschen Dynastien durch die parallelen Vorgänge [des Thronverzichts] in

[69] Stülpnagel, 75 Jahre, Seite 156.
[70] Mommsen, Aufstieg, Seite 93.
[71] Stülpnagel, 75 Jahre, Seite 170.
[72] Ebenda, Seite 149.

den Bundesstaaten bereits präformiert“[73] war. Darüber hinaus konnte an der republikanischen Staatsform nach den Oktoberreformen und durch die Wilsonsche Politik nach 1918 auch nicht mehr gezweifelt werden. Die DNVP wurde mit ihrer antisozialistischen und nach bekannt werden der Friedensbedingungen extrem revisionistischen Ausrichtung „zum Sprachrohr der erklärten Gegner der Republik“[74] und erhob die Dolchstosslegende zum zentralen Agitationsmittel gegen die Linksparteien. Die DNVP errang im Januar 1919 bei den Wahlen zur Nationalversammlung 10,3% der Stimmen und konnte als erklärte Gegnerin des Versailler Vertrages ihre Stellung in den Juliwahlen 1919 auf 15% der Stimmen ausbauen.

Die OHL beschäftigte sich in dieser Zeit nach Stülpnagels Erinnerungen mit Fragen zur Sicherung der Ostgrenze[75], den Kämpfen im Baltikum, den revolutionären Wirren in Deutschland und mit den zu erwarteten Bedingungen des Versailler Friedensvertrages.

---

[73] Mommsen, Aufstieg, Seite 37.

[74] Ebenda, Seite 94.

[75] Ich will diesen Aspekt, die Sicherung der deutschen Ostgrenzen, hier nicht weiter vertiefen. Ich will nur darauf hinweisen, dass Stülpnagel in dieser Frage von der offiziellen Position der OHL abwich und an eine gewaltsame „Bewegung“ unter Hindenburg und Seeckt dachte, durch die die besetzten deutschen Ostgebiete wieder zurückerobert werden sollten. – Stülpnagel, 75 Jahre, Seite 163, und Carsten, Reichswehr und Politik, Seite 49 f. – Carsten, Reichswehr und Politik, Seite 46, führt in diesem Zusammenhang den "Kommandierenden General von Below und die Brüder Stülpnagel in seinem Stabe“ an, die aktiven Widerstand gegen Polen leisten wollten und Vorbereitungen hierzu trafen. Zu diesen Brüdern Stülpnagel gehörte jedoch Joachim von Stülpnagel nicht, sondern es handelte sich um seine Vettern Edwin und Otto von Stülpnagel. Vgl. hierzu Ehren-Rangliste des Deutschen Heeres 1914 - 1918, hrsg. vom Heerespersonalamt, Berlin, o.J.

3.2 Versailler Vertrag

Die Zusammenarbeit zwischen der OHL und der Mehrheitssozialdemokratie, die mit dem Bündnis zwischen Ebert und Groener am 10. November 1918 begonnen hatte, wurde nach dem Zusammentritt der Nationalversammlung am 6. Februar 1919 weiter betrieben. Der neue Wehrminister Gustav Noske (SPD) gab den Befehl zur Auflösung der Soldatenräte. Es wurden die alten Befehlsverhältnisse wieder in Kraft gesetzt und bestenfalls Vertrauensmännern der Soldaten eine gewisse Mitsprache in sozialen Angelegenheiten gewährt. Die Regierung warb verstärkt für die Bildung von Freikorpsverbänden und Einwohnerwehren, die nach dem Gesetz über die vorläufige Bildung der Reichswehr vom 6. März 1919 in die reguläre Armee Zug um Zug übernommen wurden.

Diese Reorganisation der Reichswehr diente einerseits der gegenüber Polen für notwendig gehaltenen Grenzschutzaufgaben. Die nach Kolberg übersiedelte OHL und die neue Reichswehrführung verstanden sich aber von Anfang an auch als „innenpolitische Machtinstrumente mit der Funktion, die Wiederherstellung der Staatsautorität in die Wege zu leiten."[76]

Die deutschen Hoffnungen für den zu erlangenden Friedensvertrag stützten sich auf die 14 Punkte des amerikanischen Präsidenten Wilson. Man hoffte auf deutscher Seite, dass es sich bei den Friedensverhandlungen um eine diplomatisch-rationale Angelegenheit handelte. Da die Alliierten über die Forderungen an die Kriegsverlierer uneins waren – und namentlich die französischen Politiker mit Staatspräsident Poincaré und Ministerpräsident Clemenceau an der Spitze auf den Zerfall des deutschen Reiches und den Rhein als Ostgrenze zu einem demilitarisierten Deutsch-

[76] Mommsen, Aufstieg, Seite 59.

land aus waren – setzten die Deutschen ganz auf die amerikanische Karte und zielten auf eine Spaltung der Alliierten ab. Deshalb bemühten sich die verantwortlichen deutschen Politiker um den Grafen Brockdorff-Rantzau und das Auswärtige Amt nun auch, den Wünschen und Forderungen Wilsons gerecht zu werden. Die Zusagen Wilsons waren auf deutscher Seite als Garantie für einen tragbaren Friedensschluss verstanden worden. Der Verhandlungsführer des Waffenstillstandes vom November 1918 Erzberger war sich nach den Waffenstillstandsbedingungen schon früh über die Härte eines Friedensvertrages im klaren, stand jedoch mit seiner Überzeugung, dass kein Weg an der Unterzeichnung des Vertrages vorbeigehe, zunächst im Kabinett fast völlig allein. Die Flucht Brockdorff-Rantzaus in die öffentliche Meinung und sein Versuch, mit einer breiten nationalen Protestbewegung eine Spaltung der Alliierten erreichen zu können, war in Erzbergers Augen die falsche Strategie.

Umso größer war das Entsetzen, als der alliierte Entwurf eines Friedensvertrages den deutschen Delegierten unter der Führung des Grafen Brockdorff-Rantzau am 7. Mai 1919 übergeben wurde: Deutschland sollte insgesamt 13% seines Staatsgebietes abtreten und dadurch 10% seiner Bevölkerung verlieren. Schlimmer noch: Die Gebietsabtretungen führten zu einem Verlust von 50% der Eisenerzversorgung, 25% der Steinkohleförderung, 44% der Roheisen- und 38% der Stahlproduktion sowie 17% der Kartoffel- und 13% der Weizenanbaugebiete.[77] Hinzu kamen Reparationszahlungen in unglaublicher Höhe, über die eine Kommission noch beraten sollte.

Mit solch harten Bedingungen eines Friedensschlusses hatte in Deutschland keiner gerechnet. Reichsministerpräsident Scheidemann brachte die öffentliche Meinung auf den Punkt: „Der Vertrag

[77] Zahlenangaben nach Schulze, Weimar, Seite 193 und Mommsen, Aufstieg, Seite 145.

ist unerträglich und unerfüllbar. Welche Hand müsste nicht verdorren, die sich und uns in solche Fesseln legte?"[78]

Dass die Forderungen des Versailler Vertrages abzulehnen waren, das war für Joachim von Stülpnagel eine militärische Selbstverständlichkeit. Ihm war zwar klar, dass eine Ablehnung des Vertrages die Wiederaufnahme der Kampfhandlungen und wohl eine Besetzung Deutschlands bis nach Berlin zur Folge haben würde, jedoch konnte Stülpnagel „nach Geburt und Beruf nur der Ansicht sein, daß ein Untergang in Ehren einem schmachvollen Frieden vorzuziehen wäre".[79] Zwar waren militärische Operationen gänzlich undurchführbar. Auch zeigte die große Mehrheit der Bevölkerung keinerlei Bereitschaft, erneut die Entbehrungen einer kriegerischen Auseinandersetzung auf sich zu nehmen. Militärisch gesehen konnte das westliche Reichsgebiet nicht geschützt werden. Allenfalls gab es die Möglichkeit, mit den verbleibenden Verbänden ein Widerstandszentrum im Osten aufzubauen. In seiner idealistischen, und die Stimmung weiter Teile der Bevölkerung völlig verkennenden Einstellung rechnete Stülpnagel damit, „daß dann das Volk wachgerüttelt werden würde und dass wir Soldaten von Osten aus einen neuen Befreiungskrieg vorbereiten könnten."[80]

Dieses aus seinem Traditionsverständnis und aus seiner Erziehung stammende Konzept eines Volksbefreiungskrieges nach dem preußischen Vorbild von 1813 konnte Stülpnagel in dieser Phase der Weimarer Republik noch nicht zu einer Strategie für die bewaffnete Macht umsetzen, dazu fehlte es vorerst noch an allen Voraussetzun-

---

78 Zitiert in: Schulze, Weimar, Seite 196.

79 Stülpnagel, 75 Jahre, Seite 162. - Damit bezieht sich Stülpnagel auf eine Äußerung Paul von Hindenburgs, der in einem schriftlichen Votum zur Annahme des Friedensvertrages militärische Operationen für aussichtslos hielt, aber „als Soldat den ehrenvollen Untergang einem schmählichen Frieden vorziehen" müsse. Zitiert in: Mommsen, Aufstieg, Seite 101 aus: Akten der Reichskanzlei. Das Kabinett Scheidemann, bearbeitet von Hagen Schulze, Boppard 1971, Seite 477.

80 Stülpnagel, 75 Jahre, Seite 162.

gen. Doch ansatzweise sollten diese Gedanken dann ab 1923/24 verstärkt Bedeutung für die Reichswehr bekommen.

Nach erfolglosen schriftlich formulierten Einwänden und Gegenvorstellungen wurden der deutschen Delegation am 16. Juni 1919 die endgültigen Friedensbedingungen übergeben, um sie binnen fünf Tagen ohne Abstriche anzunehmen oder abzulehnen. Eine Ablehnung würde das Ende des Waffenstillstands und die Wiederaufnahme von Kampfhandlungen zur Folge haben.

Das Ultimatum der Entente zur Annahme des Versailler Vertrages wurde von der Regierung am 19. Juni 1919 in Weimar diskutiert. Dorthin reisten auch Groener, Schleicher und Stülpnagel als Vertreter der OHL sowie weitere Generale. Ihre Funktion war in erster Linie die Beratung der Regierung in militärischen Fragen. Dass die Offiziere außerhalb der Verhandlungen untereinander diskutierten, ist wohl eine Selbstverständlichkeit. Daraus jedoch einen „Kriegsrat von Weimar“ zu konstruieren, eine „Offiziersjunta, wie es sie kaum je in der Geschichte der preußischen Armee gegeben hatte“, wie Carsten dies tut, verkennt die Zusammenhänge und unterstellt von vornherein eine politische Einflussnahme der Offiziere, die in dieser Phase so nicht beabsichtigt war.[81] Der damalige Chef der Heeresleitung, Oberst Walther Reinhardt, sprach sich gegen die Annahme des Friedensvertrages aus und wollte die Abtrennung der Ostgebiete vom restlichen Reichsgebiet in Kauf nehmen. Dem widersprach Wilhelm Groener, der militärische Aktionen ablehnte, die den Zerfall des Reiches und innere Unruhen nach sich ziehen würden.

Das Kabinett Scheidemann trat in der Nacht des 19. Juni 1919 zurück und machte Platz für ein unterzeichnungswilliges Rumpfkabinett aus Zentrumspartei und MSPD unter der Führung von Gustav Adolf Bauer. Der Ratschlag, den Groener unter Ausschal-

---

[81] Vgl. Carsten, Reichswehr und Politik, Seite 49.

tung Hindenburgs und der OHL jetzt „als deutscher Mann“[82] dem Reichspräsidenten Ebert gab, führte zur bedingungslosen Annahme des Vertrags durch Regierung und Nationalversammlung am 23. Juni 1919. Stülpnagel schrieb in sein Tagebuch: „Der trübste Tag Deutschlands und Preußens seit 500 Jahren“.[83]

Die Unterzeichnung des Versailler Vertrages erfolgte am 28. Juni 1919 im Spiegelsaal von Versailles. Der Wille zum Erhalt der nationalen Einheit hat letztendlich die bedingungslose Unterwerfung unter die Bestimmungen des Versailler Vertrages erfordert. Stülpnagel billigte Groener zwar zu, dass er den schweren Entschluss zum Annahmeratschlag nach „seelisch ernsten Gewissenskämpfen gefaßt habe“, hielt es aber für sich persönlich „untragbar, in einer Stellung zu bleiben, deren Chef diesen unsoldatischen Standpunkt eingenommen habe.“[84] Joachim von Stülpnagel bat daraufhin konsequenterweise um seine Entlassung als Abteilungschef in der OHL und wurde bis auf weiteres beurlaubt.

Einen Schwerpunkt im Versailler Vertragswerk bildeten die Entwaffnungsbestimmungen. Auf französisches Streben zum Schutz vor künftigen deutschen Angriffen sollte in Deutschland die allgemeine Wehrpflicht abgeschafft werden, durfte die Zahlenstärke des Heeres 100000 Mann nicht überschreiten, hinzu kamen 15000 Mann der Marine. Der Generalstab wurde verboten, ebenso einzelne Waffengattungen. Überwacht werden sollten diese Forderungen durch eine Interalliierte Militär-Kontrollkommission (IMKK), die jederzeit freien Zutritt zu allen deutschen Kasernenanlagen und militärischen Einrichtungen besitzen sollte.

Besonders die Paragraphen 227 bis 231 des Friedensvertrages stießen in der Öffentlichkeit und im Offizierkorps der Reichswehr

---

[82] Stülpnagel, 75 Jahre, Seite 163.
[83] Ebenda, Seite 164.
[84] Ebenda.

auf energische Ablehnung. Neben Forderungen nach Auslieferung des Kaisers und von Offizieren, die Kriegsverbrechen beschuldigt wurden, nagte vor allem der „Kriegsschuldartikel" 231, der Deutschland und seinen Verbündeten die juristische Verantwortung für den Kriegsausbruch und die Folgen zuschrieb, an der nationalen Ehre. Die Unterkommission der Pariser Friedenskonferenz hatte beabsichtigt, mit Artikel 231 einen juristischen Anspruch auf Entschädigungsforderungen der Alliierten zu begründen. Nach Hagen Schulze brauchten die Alliierten diesen Artikel, „um die Schwere der Deutschland aufgebürdeten Lasten vor sich selbst und ihren Nationen zu begründen."[85] So wurde die Betonung der deutschen Kriegsschuld von alliierter Seite zum Prinzip und zur Rechtsgrundlage der Reparationsforderungen umgebaut. Nicht ganz unschuldig an dieser alliierten Position war dabei die als eher kompromisslose wahrgenommene Haltung und diplomatisch wenig geschicktes Auftreten der deutschen Delegation unter Leitung des Außenministers von Brockdorff-Rantzau. Innenpolitisch mobilisierte die Auseinandersetzung um den Paragraphen 231 nationalistische Gefühle und verhinderte gleichzeitig eine kritische Auseinandersetzung mit den Verantwortlichkeiten der kaiserlichen Politiker und der Offiziere in der OHL. Auf der einen Seite wollte Brockdorff-Rantzau dem Ausland keine Argumente für die Richtigkeit des Kriegsschuldartikels bieten. Deshalb verhinderte das von ihm im Auswärtigen Amt eingerichtete Kriegsschuldreferat jede wirkliche Aufklärung. Auf der anderen Seite blieb unter den Vorzeichen des Kampfes gegen den Kriegsschuldartikel und den Versailler Vertrag auch eine notwendige politisch-moralische Distanzierung von den Repräsentanten des Kaiserreichs aus. Des Weiteren wurden in der öffentlichen Diskussion Motive eines extremen Nationalismus deutlich. DDP und DVP lehnten eine Unterzeichnung des Versailler Vertrages ab und empfahlen sich als Garanten einer nationalen

---

[85] Schulze, Weimar, Seite 195.

Zukunft Deutschlands. Die Angriffe gegen Matthias Erzberger in der Preußischen Kreuz-Zeitung führten zu einer Kampagne gegen führende Republikaner, bei der auch vor der Anwendung von Gewalt nicht zurückgeschreckt wurde.

Die Rüstungsbeschränkungen des Versailler Vertrages sollten ein Wiedererstarken der deutschen Militärmacht langfristig unterbinden und den Einfluss des deutschen Militärs auf Staat und Gesellschaft weitgehend ausschalten. Doch die erzwungene äußere Demilitarisierung führte „als kompensatorische Reaktion“[86] zu einer weit reichenden zivilen Militarisierung der Gesellschaft. Der Versailler Vertrag erlegte Bedingungen auf, die als unzumutbar und unerfüllbar angesehen wurden. Somit wurde die Revision von Versailles zum „politischen Imperativ“[87] der jungen Weimarer Republik. Zwar wurde in allen politischen Lagern die Notwendigkeit der außen- und wirtschaftspolitischen Konsolidierung des Reiches mit erster Priorität gesehen, was zu einem grundsätzlichen Verbleib in dem System der Pariser Verträge führte. Dennoch wurde die Revision des Versailler Vertrages als unabdingbar und unausweichlich betrachtet, so dass man tatsächlich von einer „inneren Verweigerung des Friedensschlusses durch nahezu alle politischen Gruppen“[88] sprechen kann. Man sah den Friedensvertrag als ein Provisorium an, über das die Geschichte hinweggehen würde, und hoffte, die Bedingungen des Vertrages irgendwie nicht erfüllen zu müssen. Joachim von Stülpnagel ist noch 1955 bei der Abfassung seiner Erinnerungen der Ärger und die Ablehnung des in seinen Augen nur „sogenannten Versailler Vertrags“ anzumerken. Stülpnagel spricht konsequent von einem „Diktat“[89], einem

---

86 Mommsen, Militär und zivile Militarisierung, Seite 265.

87 Schulze, Weimar , Seite 202.

88 Mommsen, Aufstieg, Seite 122.

89 Bezeichnenderweise trägt das entsprechende Kapitel seiner Erinnerungen die Überschrift „Der Weltkrieg bis zum Diktat von Versailles.“ – Stülpnagel, 75 Jahre, Seite 77.

„Schanddokument“[90], einem „Gewaltfrieden“[91] oder einem „Konglomerat von Haß, Niedertracht und Schamlosigkeit“[92]. Die Revision des Versailler Vertrages stand für Stülpnagel außer Frage.

Stülpnagel wurde für den Herbst 1919 eine Kommandeurstelle in Hannover in Aussicht gestellt. Bis dahin beschäftigte er sich damit, „mit einem Kreise gleich denkender Männer in engerer Verbindung zu bleiben und eine Organisation zu bilden, die sich für eine zu erstrebende bessere Entwicklung auf staatlichem Gebiet bereit hielt. Ich dachte an eine Art getarnten Tugendbund nach dem Vorbild der Unglücksjahre 1806/7, [...]“[93] Man kann an diesem Vorhaben schon die Energie und Rastlosigkeit Stülpnagels erkennen, mit der er seinen eigenen Weg verfolgte. Er wollte nicht abwarten, bis sich für ihn günstige Umstände ergeben würden, um dann darauf zu reagieren, er wollte sie selbst herbeiführen und aktiv das Geschehen beeinflussen.

Am 28. August 1919 kehrte er nach fünfjähriger kriegsbedingter Abwesenheit in seine hannoversche Wohnung zurück mit dem festen Willen, „ein neues Leben anzufangen, für die Familie zu sorgen und [seine] Kräfte und Erfahrungen in den Dienst des Neuaufbaus von Staat und Wehrmacht zu stellen.“[94]

---

90 Stülpnagel, 75 Jahre, Seite 161.

91 Ebenda, Seite 164.

92 Ebenda, Seite 161.

93 Ebenda, Seite 164. – Interessant ist an dieser Bemerkung der Bezug auf die „Unglücksjahre 1806/7“, mit dem Joachim von Stülpnagel schon auf die Vergleichbarkeit der historischen Situation von Preußen in den Jahren nach 1806 mit der Lage in Deutschland nach 1918 hinweist.

94 Stülpnagel, 75 Jahre, Seite 165.

3.3 Militärischer Werdegang in den Anfangsjahren der Reichswehr 1919 bis 1922

„Durch meine bisherigen Erfolge als Soldat, persönlich begünstigt, sah ich im Glauben an die Zukunft Deutschlands eine Verpflichtung und Aufgabe gegenüber Staat und Heer vor mir, für die es wert war, sich mit seinen Erfahrungen und mit seinem Können einzusetzen.“[95] Stülpnagel wollte am Aufbau der neuen Reichswehr aktiv mitwirken und stellte sich der Reichswehrführung zur Verfügung. Sein erster Auftrag führte ihn im September 1919 als Sonderbeauftragten des ersten Reichswehrministers Gustav Noske ins Baltikum. Stülpnagel sollte die Lage und Stimmung der dort noch stehenden deutschen Truppen erkunden und Vorschläge entwickeln, wie das Baltikumunternehmen zum Abschluss gebracht werden könne. An dem Auftrag im Baltikum, der neben militärischen Kenntnissen vor allem diplomatisches und politisches Geschick gegenüber den dortigen Kommandeuren erforderte, kann man vielleicht schon die besonderen Fähigkeiten Stülpnagels auf diesem Gebiet erkennen, die ihn für den Auftrag empfohlen haben.

Nach dieser Zwischenverwendung wurde Stülpnagel im Oktober 1919 Bataillonsführer im Reichswehrregiment 19 in Hannover. Schon in seiner ersten Ansprache an die ihm als Kommandeur unterstellten Offiziere forderte Stülpnagel „jede Politisiererei zu unterlassen und unseren Beruf nur ideal aufzufassen.“[96] Schon hier deutete sich eine für die Reichswehr typische Verhaltensweise an, die des “unpolitischen Soldaten“. In einem Zustandsbericht über sein Bataillon vom Januar 1920 lässt Stülpnagel erneut seine monarchische Einstellung durchblicken und will diese Einstellung

[95] Stülpnagel, 75 Jahre, Seite 171.
[96] Ebenda, Seite 176.

auch bei einem großen Teil seiner Soldaten bemerkt haben.[97] Stülpnagel schließt daraus, dass sich viele Reichswehrangehörige „das alte Verhältnis zwischen Offizieren, Unteroffizieren und Mannschaften, die alte Zucht und Ordnung und den alten Dienstbetrieb“[98] zurückwünschten.

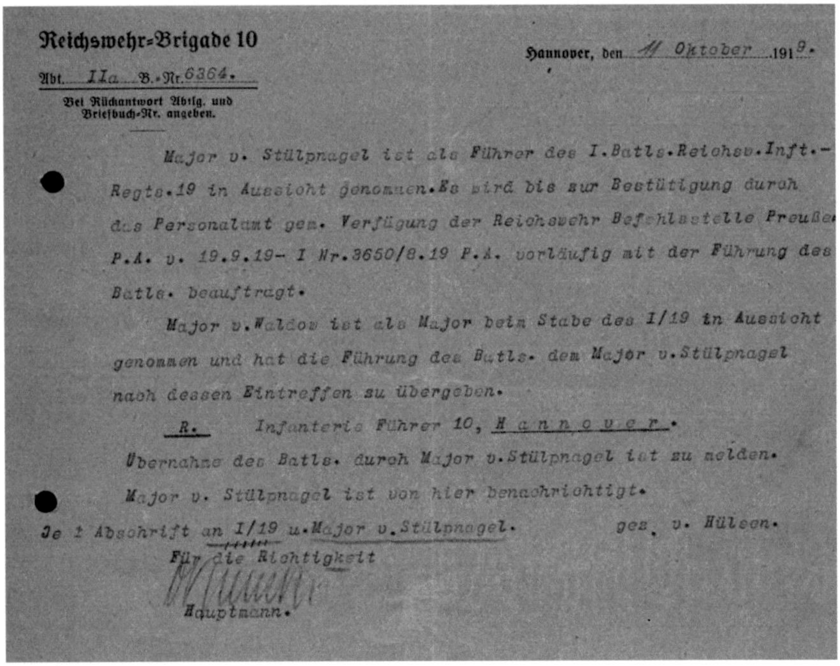

Reichswehr=Brigade 10

Hannover, den 11 Oktober 1919.

Abt. IIa B.-Nr. 6364.

Bei Rückantwort Abtlg. und Briefbuch-Nr. angeben.

Major v. Stülpnagel ist als Führer des I.Batls.Reichsw.Inft.-Regts.19 in Aussicht genommen. Es wird bis zur Bestätigung durch das Personalamt gem. Verfügung der Reichswehr Befehlsstelle Preuße[n] P.A. v. 19.9.19- I Nr.3650/8.19 P.A. vorläufig mit der Führung des Batls. beauftragt.

Major v.Waldow ist als Major beim Stabe des I/19 in Aussicht genommen und hat die Führung des Batls. dem Major v.Stülpnagel nach dessen Eintreffen zu übergeben.

R. Infanterie Führer 10, Hannover.

Übernahme des Batls. durch Major v.Stülpnagel ist zu melden.

Major v. Stülpnagel ist von hier benachrichtigt.

Je 1 Abschrift an I/19 u.Major v.Stülpnagel. gez. v. Hülsen.

Für die Richtigkeit

Hauptmann.

Stülpnagels erstes Kommando in der Reichswehr: Verfügung als Führer des I. Bataillons im Reichswehr-Infanterieregiment 19 in Hannover vom Oktober 1919

97 „Im Gegenteil, ich habe oft in weitem Kreise vom Kaiser, den Prinzen, von der alten, schönen Leutnantszeit in Potsdam gesprochen und festgestellt, daß man mir gerne zuhörte.“ – Stülpnagel in einem Zustandsbericht vom 4. Januar 1920, BA/MA, Depot Stülpnagel N5/19, Seite 26.

98 Ebenda, Seite 27.

Am Ende des Monatsberichtes wird in wenigen Sätzen die Grundstimmung deutlich, in der sich Stülpnagel in den Anfangsjahren der Reichswehr befand: „Wir haben unsere nationale Ehre am 09.11.1918 verloren. Versailles war nur die logische Konsequenz. So wie die Dinge heute in Deutschland liegen, heißt es, die Faust in der Tasche ballen und Rache predigen. Zum Handeln ist es – Gott sei es geklagt – noch zu früh. Niemand gibt sich im Bataillon als Scherge her."[99]

Schon im April 1920, als er sein Truppenkommando in Hannover gerade einmal sechs Monate innehatte, erfuhr Stülpnagel bei einem Besuch in Berlin von seiner geplanten Versetzung ins Reichswehrministerium. Den neuen Chef der Heeresleitung, General Hans von Seeckt, hatte er bisher immer nur flüchtig getroffen. „Mag ich ihm [Seeckt] bei unseren kurzen Begegnungen gefallen oder er Gutes von mir gehört haben, er berief mich jedenfalls jetzt in seine nähere Umgebung, was nicht ohne weiteres mit meinen dienstlichen Stellungen zusammenhing."[100] Es liegt jedoch nahe, dass Stülpnagel, der nach sechs Monaten sein Bataillon in Hannover wieder abgeben musste, sich in der Obersten Heeresleitung und allgemein in Generalstabskreisen einen guten Ruf aufgebaut hatte, der ihn jetzt ins Reichswehrministerium führte.

Noch im gleichen Monat, im April 1920 wurde Stülpnagel Leiter der Personalabteilung 4 und war damit zuständig für die Personalbearbeitung der Generalstabsoffiziere und der Offiziere im Ministerium. Vor allem führte ihn diese Verwendung in engen persönlichen Kontakt zum Chef der Heeresleitung, General von

---

[99] Zustandsbericht vom 4. Januar 1920, BA/MA, Depot Stülpnagel N5/19, Seite 32.

[100] Stülpnagel, 75 Jahre, Seite 189. – In diese Argumentation Stülpnagels passt nicht, dass Stülpnagel am 28. Juni 1919 einen eher in vertraulichem Ton gehaltenen Brief schrieb, in dem er Seeckt bat, der sich mit Gedanken an seine Verabschiedung trug, sich für zukünftige Aufgaben der Armee zu erhalten und nicht auszuscheiden. Vgl. Carsten, Reichswehr und Republik, Seite 37f. – Rabenau, Seeckt, Seite 190, zählt Stülpnagel schon zu diesem Zeitpunkt zu einer Gruppe von „Seeckt nahestehenden Offizieren".

Seeckt, zum Reichswehrminister Geßler und teilweise zum Reichspräsidenten Ebert. Stülpnagel begleitete von Seeckt auf fast allen Dienstreisen und Besichtigungen und wurde in dieser Zeit neben seinem Berater in Personalfragen der Generalstabsoffiziere auch ein enger Mitarbeiter in vielen anderen die Reichswehr betreffenden Fragen.

Stülpnagel (zweiter Reiter von links) begleitet als Abteilungsleiter im Truppenamt den Chef der Heeresleitung General Hans von Seeckt bei einem Manöver in Königsberg (Mai 1924) – ganz links der Nachfolger Seeckts, General Wilhelm Heye

Schon in dieser Verwendung als Personalführer kann man einen typischen Wesenszug Stülpnagels erkennen, der sich in seinem weiteren soldatischen Werdegang noch mehr ausprägen und auswirken wird: Es ist seine direkte Vorgehensweise, die er offensiv auch gegen Widerstände vertritt, wenn er persönlich von der

Richtigkeit seiner Ansichten überzeugt ist. So verschafft sich Stülpnagel das direkte Vortragsrecht beim Chef der Heeresleitung ohne die Anwesenheit seines unmittelbaren Vorgesetzten, des Chefs des Heerespersonalamts, für erforderlich zu halten.[101] Im Bereich der Personalführung setzte sich Stülpnagel für die Förderung von jüngeren und besonders tüchtigen Offizieren ein, auch unter Vorausbeförderung. Stülpnagel hielt dies für notwendig, denn: „Die Zeit erforderte mehr als je für die führenden Stellen Männer, die nicht nur gute Soldaten waren, sondern auch politisches Verständnis zeigten und sich loyal hinter Seeckt stellten.“[102]

Ein Beispiel für einen solchen förderungswürdigen Offizier gab Stülpnagel selbst ab, der am 1. April 1922 unter Vorausbeförderung zum Oberstleutnant der neue Abteilungschef der Abteilung T1 im Truppenamt[103] wurde. Die Abteilung T1 war die frühere Operationsabteilung des Generalstabes. Als Abteilungschef war Stülpnagel verantwortlich für den Einsatz der Truppen bei inneren Kämpfen, den Grenzschutz, die Generalstabsreisen und einiges mehr. Als Chef dieser Abteilung war er Vertreter des Chefs des Truppenamtes, General Hasse, und kann damit wohl spätestens seit diesem Zeitpunkt zum engen Führungskreis der Reichswehr im Ministerium gezählt werden.

Erfurth spricht in diesem Zusammenhang vom „Triumvirat von Schleicher, von Stülpnagel (Joachim) und Freiherr von dem Bussche [...], das von 1918 bis 1930 (Ausscheiden des Generalobersten Heye) einen bedeutenden Einfluß im Reichswehrministerium und in der Heeresleitung ausgeübt hat. [...] Sie gingen als „Clique“ lange Zeit miteinander durch dick und dünn, warfen sich gegenseitig

[101] Stülpnagel, 75 Jahre, Seite 191.
[102] Ebenda, Seite 192.
[103] Das Truppenamt nahm nach dem Verbot des kaiserlichen Großen Generalstabes durch die Bestimmungen des Versailler Vertrages in der Reichswehr die Aufgaben des ehemaligen Generalstabes wahr.

die Bälle zu und übten dadurch auf die Politik (Schleicher) und die Stellenbesetzung des Reichsheeres (von Stülpnagel und von dem Bussche) einen unverhältnismäßig großen Einfluß aus."[104]

3.4 Die Auseinandersetzung um die Interalliierte Militär-Kontrollkommission

Die Interalliierte Militär-Kontrollkommission (IMKK) war eines der Organe[105], die im Auftrag der Alliierten die Ausführung der militärischen Bestimmungen des Versailler Vertrages überwachen sollten. Die Aufgaben und Rechte der Kommissionen waren im Friedensvertrag von Versailles festgelegt und durch eine Art Geschäftsordnung mit einer Zusammenstellung ihrer Organisation und ihrer Grundsätze geregelt.

In der Auseinandersetzung der Reichswehr mit der IMKK und deren Kontrolltätigkeit wird deren für die Anfangsphase der Weimarer Republik typische Vorgehensweise deutlich. Die Reichswehrführung wollte die Bestimmungen des Versailler Vertrages nur oberflächlich erfüllen, arbeitete parallel an einer schleichenden Aushöhlung des Vertrages und unterlief die Vertragsbestimmungen.

---

104 Erfurth, Waldemar: Die Geschichte des deutschen Generalstabs von 1918 bis 1945, Göttingen 1957, Seite 104. – Die Bezeichnung Joachim von Stülpnagels als Mitglied der „Clique" wird in der Literatur häufig in abwertendem Sinne gebraucht. Das lässt sich wohl mit der Rolle Schleichers erklären, der in der Endphase der Weimarer Republik eigene Politik betrieben hatte. Wer aber immer nur von der „Clique" um Schleicher und Stülpnagel spricht, übersieht meist, dass Stülpnagel im Urteil Erfurths ausgesprochen positiv abschneidet und dieser Stülpnagel zutraute, dass er als Chef der Heeresleitung „mehr das Format des Generals von Seeckt als das des Generals Heye gehabt" hätte. Ebenda, Seite 120.

105 Neben der IMKK existierte noch eine Marine-Kontrollkommission (NIACC = Naval Interallied Commission of Control) und die Interalliierte Luftfahrtüberwachungskommission (ILÜK).

Eine dauerhaft eingerichtete Kontrollkommission konnte beim Wiederaufbau von Streitkräften nur stören. Schließlich war eine fremde Kontrollinstanz im eigenen Land ein Fremdkörper, der gerade bei Menschen mit einem stark entwickelten nationalen Ehrgefühl auf schärfste Ablehnung stoßen musste.

Eine Auseinandersetzung mit der IMKK in dieser Arbeit lohnt aber noch aus einem weiteren Grund: Joachim von Stülpnagel hat sich in insgesamt acht Zeitungsartikeln in den Jahren 1924 bis 1926 zur Tätigkeit der IMKK in Deutschland geäußert. Weil er unter Pseudonym veröffentlicht wurde, musste er sich keine diplomatischen oder politischen Zurückhaltungen auferlegen. Er hat seiner Einstellung zur interalliierten Kontrolle freien Lauf lassen können. Gleichzeitig hat er dadurch interessante Einblicke in seine persönliche Haltung zur IMKK aber auch zu seinem Verständnis von nationaler Ehre gewährt.

Nach den Bestimmungen des Versailler Vertrages sollten nur die Regelungen der deutschen Abrüstung, für deren Ausführung Fristen gesetzt waren, unter der Kontrolle interalliierter Kommissionen durchgeführt werden. Ihre Tätigkeit war damit ursprünglich zeitlich begrenzt. Der französische Marschall Foch setzte sich bei der Aufstellung der Kommissionen jedoch über diese Befristung hinweg, indem er in den Organisationsbestimmungen festlegte, dass Deutschland bis zur vollständigen Durchführung aller Bestimmungen kontrolliert werde. So hatten die IMKK und die Reichsregierung von Beginn an unterschiedliche Auffassungen über die Dauer der Kontrolle.

Die IMKK wurde von einem Präsidenten an der Spitze und einem neunköpfigen, interalliierten „Rat der Kommission" geleitet. Frankreich stellte mit General Nollet den Präsidenten[106] und drei

[106] Nach Nollet, der 1924 zum Kriegsminister im Kabinett Herriot berufen wurde, trat der französische General Walch an die Spitze der IMKK.

weitere Mitglieder des Rats der Kommission. Die anderen Mitglieder waren je ein belgischer, italienischer und japanischer Offizier sowie zwei Briten. Der Rat der Kommission fasste seine Beschlüsse bis 1923 mit Mehrheitsentscheid, was Frankreich aufgrund der reinen Zahlenverhältnisse die Durchsetzung seiner Position erleichterte. Nach November 1923 war einstimmige Beschlussfassung vorgeschrieben. Drei Unterkommissionen behandelten inhaltlich die Kontrolle der materiellen Rüstung, die Stärke, Rekrutierung und Ausbildung des Heeres sowie die deutschen Befestigungen. Die ausführenden Organe der IMKK waren so genannte Distriktskommissionen, die über Deutschland verteilt ihre Kontrollen durchführten und insgesamt etwa 1000 Mann Personal umfassten. Deutschland musste für den Unterhalt und den Betrieb der Kommission aufkommen und musste Personal und Material für die Unterstützung der Kommissionsarbeit bereitstellen.

Rainer Wohlfeil[107] unterteilt die Tätigkeit der IMKK in drei Abschnitte. Der erste Abschnitt endet für ihn mit der Erfüllung des Londoner Ultimatums vom 5. Mai 1921; der zweite Abschnitt war geprägt vom zunehmenden Widerstand der Reichswehr gegen die Tätigkeit der IMKK und dauerte bis zum Pariser Abkommen vom 16. November 1924. Der sich anschließende dritte Abschnitt endete mit dem Genfer Protokoll vom 12. Dezember 1926 und dem Beschluss der Alliierten, dass die Tätigkeit der IMKK am 31. Januar 1927 einzustellen sei.

In der ersten Phase wurde die Entwaffnung Deutschlands nach den Bestimmungen des Versailler Vertrages weitgehend vollzogen. Dabei standen die Zerstörung von Waffen und Materialbeständen, die Demontage von Fertigungsanlagen für militärische Güter, die bewaffneten Organisation, die Einwohnerwehren und die Polizei im Mittelpunkt der Kontrolle durch die IMKK. In der

[107] Wohlfeil, Heer und Republik, Seite 190 ff.

zweiten Phase dagegen entwickelten die sich neu organisierende Reichswehr und deren Arbeit zunehmend zu einem Problem für die IMKK, hinter dem die Fragen der Abrüstung und Entwaffnung zweitrangig wurden. Man sprach deutscherseits der IMKK das Recht ab, den Aufbau und die Struktur der neuen Reichswehr zu überwachen und strebte deshalb mit allen Mitteln eine Beseitigung der Kontrolle an. Nachdem alle politischen Bemühungen zu einem Abzug der IMKK scheiterten, begann die Reichswehr mit dem Beginn der Ruhrkrise im Januar 1923 den Forderungen der IMKK auch aktiv Widerstand entgegenzusetzen. Während der Ruhrkrise konnte die IMKK deshalb kaum Kontrollen durchführen.

Im Jahr 1924 befasste sich Joachim von Stülpnagel in insgesamt sechs Leitartikeln in der Berliner Börsen-Zeitung mit dem Thema Militärkontrolle. Im ersten Artikel ging er auf die geplante Fortsetzung der Kontrolltätigkeit der IMKK ein.[108] Die Ablehnung der fortgesetzten Kontrolltätigkeit verband er mit dem Hinweis auf die gültige Rechtslage, dass gemäß Artikel 203 des Versailler Vertrages die Kontrollkommission nur zur Prüfung der Abrüstung berechtigt war, für deren Durchführung eine zeitliche Grenze festgelegt wurde. Nach der Erklärung der Botschafterkonferenz vom April 1922, dass die Aufgabe der Kommission bis auf fünf Punkte erledigt und die Abrüstung damit im wesentlichen durchgeführt sei, habe die „I.M.K.K. keinesfalls das Recht, weiter in Deutschland ihr Unwesen zu treiben."[109] Deshalb sollte sich Deutschland weigern, weitere Kontrollbesuche zuzulassen. Denn die Kontrollbesuche sollten nach Stülpnagels Verständnis „uns national demütigen, uns auf jedem Gebiet der staatlichen Wiedergeburt belauern, uns knechten und an unsere Sklavenrolle erinnern, gleich wie Napoleon nach 1807 eine Reihe von Jahren französische Garnisonen und ein Heer von Spionen in Preußen beließ, bis sie

[108] „Die Militärkontrolle" – Berliner Börsen-Zeitung vom 24. Januar 1924.
[109] Ebenda.

herausflogen."[110] Für Joachim von Stülpnagel war die Militärkontrolle deshalb keine rein militärische Frage mehr, denn die Abrüstung Deutschlands sei längst durchgeführt. Für ihn griff die Frage der Militärkontrolle „an die nationale Ehre des Volkes, das die dauernden Eingriffe in seine Souveränität aus Selbstachtungsgründen nicht dulden darf."[111] Ihm ging die Frage der Kontrollen so sehr gegen die nationale Ehre und seine Ehre als Offizier, dass er sogar Befehlsverweigerung nicht ausschloss.[112] Er wies damit zugleich auf die angestrebte Unabhängigkeit der Reichswehr von der politischen Führung der Weimarer Republik hin. Gleichzeitig akzeptierte Stülpnagel sogar körperliche Übergriffe auf die französischen Kommissionsmitglieder.[113]

Erst mit Außenminister Stresemanns politischem Konzept der Offenheit und Zusammenarbeit im internationalen Bereich wurde die Kommissionstätigkeit wieder möglich. Stresemann wollte am 8. Juli 1924 mit seiner Zustimmung zu einer abschließenden Generalinspektion außenpolitisches Entgegenkommen erreichen. Die Generalinspektion vom September 1924 bis zum Januar 1925 brachte jedoch ein Ergebnis, mit dem weder Stresemann noch die Reichswehrführung zufrieden sein konnten. In einem Zeitungsartikel vom 6. September 1924 nahm Stülpnagel Stellung zur bevorstehenden Generalinspektion der IMKK.[114] Zwar erkannte er grundsätzlich die Notwendigkeit einer Zustimmung zur Generalinspektion an, um „die Versöhnungsatmosphäre nicht zu vergiften und um

110 „Die Militärkontrolle" – Berliner Börsen-Zeitung vom 24. Januar 1924.

111 Ebenda.

112 „Es gibt eine Maxime der Ehre, die höher zu bewerten ist als militärische Disziplin. Ein Befehl, den Feindoffizieren erneut Rede und Antwort zu stehen, kann auf die Ablehnung des ganzen deutschen Offizierkorps stoßen." – „Zur Frage der Militärkontrolle" – Berliner Börsen-Zeitung vom 2. April 1924.

113 „Würden die fremdländischen Offiziere ihre Tätigkeit erneut aufnehmen, so ginge es um ihren Kopf und Kragen!" – Ebenda.

114 „Die Generalinspektion der I.M.K.K." – Berliner Börsen-Zeitung vom 6. September 1924.

die in Aussicht stehende Räumung des Ruhrgebiets und der Kölner Zone nicht zu gefährden." Insgesamt war ihm diese Kommission aber „dem pazifistischen Gerede der Gegenwart würdig, der Überlieferung soldatischer Ehrauffassung früherer Zeiten unwürdig."[115] Er ging in diesem Artikel auch auf Verstöße gegen die Bestimmungen des Versailler Vertrages ein, die der IMKK von deutscher Seite zugetragen wurden. Stülpnagel sprach von Landesverrätern, „die der Entente gegen einen Judaslohn sogenannte verborgene Waffenlager oder verbotene Übungen anzeigen. Diese Angaben sind natürlich falsch, zum mindesten stark übertrieben. [...] Diese bezahlten Subjekte würden von einem stark national fühlenden Volk gelyncht werden!"[116] Für die bevorstehende Generalinspektion erwartete Stülpnagel, dass „die Soldaten und deutschen Arbeiter, die mit den Mitgliedern der Kommission zusammen treffen, ihnen mit selbstsicherem Stolz und eisiger Zurückhaltung begegnen" werden. Weiter schrieb er: „Wir wollen hoffen, daß die ungebetenen Besucher recht bescheiden und still auftreten, sonst könnte es geschehen, dass sich trotz aller Sicherheitsmaßnahmen der Schutzpolizei eine erregte Volksmenge recht eindrucksvoll über alle politischen Erwägungen hinwegsetzt. Denn nichts kann mehr den nationalen Haß aufpeitschen, als dieser gewollte Schimpf einer nicht endenden Kontrolle."[117]

In Wirklichkeit hat Stülpnagel mit einer solchen Veröffentlichung in der Zeitung nationale Ressentiments bestärkt, und er nahm auch körperliche Übergriffe gegen die Generalinspektion billigend in Kauf. Insgesamt hoffte Stülpnagel, dass die Entente guten Willen zeige und die Generalinspektion den Abschluss der Kontrolltätigkeit bringen werde, da sonst zu erwarten sei, „daß die Generalinspektion

[115] „Die Generalinspektion der I.M.K.K." – Berliner Börsen-Zeitung vom 6. September 1924.

[116] Ebenda.

[117] Ebenda.

die materielle Abrüstung und die moralische Aufrüstung feststellen wird."[118] Schon hier zeigte sich ein erstarkendes nationales Selbstbewusstsein, für das Stülpnagel nicht nur im Hinblick auf das Verhalten gegenüber der IMKK arbeitete, sondern das er auch für die Reichswehr und Deutschland insgesamt erhoffte.

Im Oktober 1924 – während der laufenden Generalinspektion – äußerte Stülpnagel in einem weiteren Zeitungsbeitrag seine Sorge über eine dauerhafte Einrichtung der IMKK. „Ihre Fragen [während der Generalinspektion] lassen aber klar erkennen, daß sie Material sammeln, um die in Genf ausgedachte verschärfte Dauerkontrolle der öffentlichen Meinung der Welt gegenüber rechtfertigen zu können."[119] In diesem wie auch in dem folgenden Artikel zur Militärkontrolle[120] warf Stülpnagel deutschen Pazifisten vor, durch Hinweise auf Verstöße gegen die Bestimmungen des Versailler Vertrages mit den Alliierten zusammenzuarbeiten. „Der politische deutsche Pazifismus verrät die Nation. [...] Das gestohlene oder erlogene Material gibt Frankreich den Vorwand, selbst immer stärker zu rüsten und Deutschland, noch über das Schanddiktat von Versailles hinweg, militärisch zu knebeln."[121] Die politische Dimension und Bedeutung der IMKK umschrieb Stülpnagel in einem Artikel vom April 1925 – nach Abschluss der Generalinspektion und noch bevor Deutschland offiziell darüber in Kenntnis gesetzt wurde, „was die Schnüffelkommissionen eigentlich festgestellt zu haben glaubten."[122]: Seiner Auffassung nach werde die IMKK weniger als Mittel zur Rüstungskontrolle gebraucht, als

---

[118] „Die Generalinspektion der I.M.K.K." – Berliner Börsen-Zeitung vom 6. September 1924..

[119] „Militärkontrolle und Pazifismus" – Berliner Börsen-Zeitung vom 12. Oktober 1924.

[120] „Interalliierte Militärkontrolle und deutscher Pazifismus" – Berliner Börsen-Zeitung vom 29. November 1924.

[121] Ebenda.

[122] „Die Frage der Militärkontrolle" – Berliner Börsen-Zeitung vom 3. April 1925.

vielmehr politisches Instrument und Druckmittel gegen Deutschland.

Der Reichswehr wurde in dem die Generalinspektion abschließenden Kontrollbericht vorgeworfen, dass sie ihren Rüstungsstand absichtlich verheimlicht habe. Aus den tatsächlich festgestellten Verstößen wurde nämlich auf weitere Vertragswidrigkeiten geschlossen. Beispielsweise wurde die Stellung des Chefs der Heeresleitung moniert, das Weiterbestehen eines Großen Generalstabes in Form des Truppenamtes, die Existenz von Zeitfreiwilligen, die Verbindung zu paramilitärischen Organisationen und weitere Verstöße festgestellt. Der Bericht schloss deshalb mit dem Urteil, dass Deutschland die militärischen Bedingungen des Versailler Vertrages nicht erfüllt habe. Das Ergebnis des Berichts der Generalinspektion wurde Deutschland in Form einer Entwaffnungsnote am 4. Juni 1925 offiziell mitgeteilt.

Doch die Verhandlungen um die Durchführung der Entwaffnungsnote waren bereits geprägt von dem beiderseitigen Willen, sich denkbar weit entgegenzukommen, um das von allen angestrebte Ziel, den endgültigen Abschluss der Militärkontrolle zu erreichen. In dieser letzten Phase spielte die IMKK selbst nur noch eine untergeordnete Rolle. Diese Stimmung spiegelte sich auch in dem sehr polemisch gehaltenen letzten Leitartikel Stülpnagels zum Thema IMKK wider: „Die I.M.K.K. lebt noch! Nicht nur, daß ihre Mitglieder ihr hohes Gehalt im Berliner Großstadtleben verjubeln, nein, sie schreiben wieder jene berüchtigten Noten, über deren Inhalt jeder Mensch mit fünf Sinnen nur den Kopf schütteln kann."[123] Seiner Meinung nach sollte auf diese Noten gar nicht mehr reagiert werden, weil die daraus abgeleiteten Forderungen rechtlich und inhaltlich unbegründet seien. Stülpnagel verband diese Feststellung mit einem Appell an das nationale Gefühl: „Der Geist der

[123] „Die I.M.K.K. lebt noch!“ – Berliner Börsen-Zeitung vom 17. Juli 1926.

Wehrhaftigkeit ist aber nicht auszurotten, solange noch deutsches Blut in den Adern der Jugend rollt.“[124]

Die versöhnungswilligen Politiker beschlossen am 12. Dezember 1926, dass die IMKK nach 39 ½ Monaten Tätigkeit mit insgesamt 33381 Kontrollen[125] ihre Arbeit einzustellen habe. In einem von Resignation geprägten Schlussbericht stellten die alliierten Offiziere dennoch fest, dass weiterhin Vertragsverletzungen vorlagen, wobei besonders die Grenzschutzarbeiten, die Existenz von Wehrverbänden und das Scheitern der „geistigen Abrüstung“[126] angesprochen wurden. Am 28. Februar 1927 verließen die letzten Mitglieder der IMKK Deutschland.

3.5 Die Reichswehr als „Staat im Staat“? - Zur Einstellung der Reichswehr zur deutschen Politik in den Anfangsjahren der Weimarer Republik

Der Aufbau eines funktionierenden Reichsheeres war in den Jahren 1919 und 1920 durch die enorme Verringerung von etwa 400.000 Soldaten im März 1919 auf 100.000 Mann zum 1. Januar 1920 gemäß den Bestimmungen des Versailler Vertrages wesentlich beeinflusst. Dazu kamen die verfassungsrechtliche Einordnung der Reichswehr durch die Weimarer Verfassung und die Umsetzung der Auflagen, wie sie der Versailler Vertrag forderte, wie beispielsweise die Auflösung des Generalstabes in der bisherigen Form, Abschaffung der Allgemeinen Wehrpflicht, Festlegen der Heeresgliederung oder das Verbot bestimmte Waffen oder Truppenteile zu besitzen.

---

124 „Die I.M.K.K. lebt noch!“ – Berliner Börsen-Zeitung vom 17. Juli 1926.
125 Angabe nach Wohlfeil, Heer und Republik, Seite 193.
126 Wohlfeil, Heer und Republik, Seite 193.

Das Wehrgesetz vom 21. März 1921 fasste die bis dahin geltenden, teils durch einzelne Gesetze präzisierten, verfassungsrechtlichen und friedensvertraglichen Regelungen zusammen.[127]

Damit war der äußere, der institutionelle und rechtliche Rahmen für die Reichswehr gegeben, etwa durch die Festlegung der Spitzengliederung und der Befehlsverhältnisse oder durch die Konkretisierung der soldatischen Pflichten und Rechte. Wie dieser äußere Rahmen aber reichswehrintern ausgefüllt wurde, das lag in den Händen der verantwortlichen Reichswehrführer. Neben dem organisatorischen Aufbau der Reichswehr ist die innere Ausprägung und Formung des Offizierkorps vor allem durch den Generalobersten Hans von Seeckt geprägt worden. Von Seeckt konnte seine Konzeption der Reichswehr kompromisslos verwirklichen, „weil er wohl als einziger Offizier im Dienst der Republik eine solche [Konzeption] aufzuweisen hatte oder ihm zumindest im militärischen Bereich keine andere entgegengestellt wurde".[128] Er konnte allein schon durch die lange Dauer im Amt als Chef der Heeresleitung[129] entscheidenden Einfluss auf die innere Ausrichtung der Reichswehr nehmen.

Aber General von Seeckt war kein Visionär oder Neuerer, sondern ein durch und durch monarchisch geprägter Offizier mit einem Verständnis von Disziplin und Gehorsam, das an seiner kaiserlichen Vergangenheit orientiert war. Dabei darf man von Seeckt keine rein restaurativen Motive unterstellen. Ihm ging es schon darum „das Wertvolle und Überzeitliche aus der Vergangenheit zu benutzen und es zugleich in einer Form weiterzuentwickeln, welche den geänderten Verhältnissen der Gegenwart entspricht

[127] Zu den Bestimmungen des Wehrgesetzes im Einzelnen: Wohlfeil, Heer und Republik, Seite 107 ff.

[128] Wohlfeil, Heer und Republik, Seite 134 f.

[129] Von Seeckt war vom 5. Juni 1920 bis 8. Oktober 1926 Chef der Heeresleitung, davor Chef des Truppenamtes.

[...].[130] Sein gespanntes Verhältnis zur Weimarer Republik[131] spiegelt sich gleichwohl in der Schaffung einer „überparteilichen" Reichswehr wider. Neben dem Verbot der politischen Betätigung durch Soldaten, das nach innen wirkte, verbot sich Seeckt jede Einflussnahme von außen auf die Reichswehr.[132] Von Seeckt formte bewusst eine unpolitische Reichswehr, die „über den Parteien stehend" *dem Staat* diente, nicht der Republik, ja eine Reichswehr, die seiner Meinung nach sogar mit dem Staat identifiziert werden konnte.[133]

Zwar kann man nicht von einem grundsätzlichen Gegensatz zwischen Reichswehr und Republik sprechen, wie dies in meist älteren Veröffentlichungen getan wird[134], dennoch hat es von Seeckt „besonders zu verantworten, daß das Reichsheer politisch nicht mit der verfassungsmäßigen Staatsordnung übereinstimmte, sondern ein

130 Borger, Heinz-Ludger: Grundzüge der Landkriegführung von Schlieffen bis Guderian, Seite 529, in: Deutsche Militärgeschichte in sechs Bänden 1648 – 1939, begründet von Hans Meier-Welcker, hrsg. vom Militärgeschichtlichen Forschungsamt, Bd. 6, Abschnitt IX (Grundzüge der militärischen Kriegsführung 1648 - 1939), München 1983.

131 „Die Weimarer Republik ist für mich kein noli me tangere; ich habe sie nicht mit gemacht, und sie widerspricht in den grundlegenden Prinzipien meinem politischen Denken." – Aus dem Entwurf eines Schreibens Seeckts vom 2. November 1923 an den bayerischen Generalstaatskommissar von Kahr, in: Schüddekopf, Otto-Ernst: Das Heer und die Republik. Quellen zur Politik der Reichswehrführung 1918 bis 1933, Nr. 79, Hannover / Frankfurt a.M. 1955, Seite 187. – Schüddekopf weist darauf hin, dass dieser Teil des Entwurfs vom 2. November 1923 in der späteren Reinschrift am 5. November 1923 fortgelassen wurde. Bei Rabenau und Carsten, Reichswehr und Politik, hingegen wird diese Fortlassung im abgesandten Text nicht angesprochen.

132 „In dem Sinn, in dem ich es [das Thema „Heer im Staat"] verstehe, soll das Heer politisch sein in dem Erfassen des Staatsgedankens. Doch ganz gewiß nicht parteipolitisch. „Hände weg vom Heer!" rufe ich allen Parteien zu. Das Heer dient dem Staat, nur dem Staat, denn es ist der Staat." – Seeckt, Hans von: Gedanken eines Soldaten, Berlin 1929, Seite 116.

133 „Nicht zum Staat im Staat soll das Heer werden, sondern im Staate dienend aufgehen und selbst zum reinsten Abbild des Staates werden." – Ebenda, Seite 113.

134 Vgl. hierzu vor allem Carsten, Reichswehr und Politik, der in einer überwiegend negativen Haltung der Reichswehr gegenüber der Republik eine durchlaufende Konstante feststellte. Ähnlich sprechen Wheeler-Bennett, John W.: Die Nemesis der Macht. Die deutsche Armee in der Politik 1918 – 1945, Düsseldorf 1953, und Craig, Gordon A.: Die preußisch-deutsche Armee 1640 – 1945. Staat im Staate, Köln 1960, von der Verantwortlichkeit des Militärs für die politische Entwicklung der Weimarer Republik.

wesensmäßig der überkommenen eigenen Vergangenheit verbundenes und auf die Zukunft ausgerichtetes Eigenleben in der demokratischen-parlamentarischen Republik führte.“[135]

Der Chef der Heeresleitung General Hans von Seeckt bei einem Feldmanöver der 5. Division in Thüringen 1925 (Stülpnagel im Vordergrund Zweiter von links mit Karte)

Dieses ‚Eigenleben' der Reichswehr kann darauf zurückgeführt werden, dass das 100.000-Mann-Heer und die Beschränkungen durch den Versailler Vertrag nicht als ein Endzustand angesehen, sondern lediglich als Übergangszeit verstanden wurden. Von Seeckt hat nichts aktiv gegen eine Einbindung der Reichswehr in die Weimarer Republik unternommen, aber auch nichts dafür getan.

[135] Wohlfeil, Heer und Republik, Seite 135.

Die Soldaten fühlten sich nicht an die Demokratie gebunden, sondern dienten für die "Idee des Staates".

Dieses „Nebeneinander" von Reichswehr und Weimarer Republik in den Anfangsjahren der demokratischen Staatsform in Deutschland war ausschlaggebend für die unterschiedlichen Planungen und organisatorischen Maßnahmen der Reichswehr in der Aufbauphase. Waffenlager, anlaufende Geheimrüstung, die Auslagerung der Rüstung nach Russland,[136] offene Verstöße gegen die Bestimmungen des Versailler Vertrages, die Ausbildung von Zeitfreiwilligen und ähnliches mehr – an der politischen Führung der Weimarer Republik vorbei – sind Ausdruck der Sonderstellung der Reichswehr unter der Führung von Seeckts. Wenn man wie von Seeckt und andere führende Offiziere der Reichswehr vom Übergangscharakter der Weimarer Republik überzeugt war, warum sollte man dann eine in den Maßnahmen abgestimmte Politik betreiben, warum sollte man sich auf politischer Ebene gegenseitig informieren, warum sollte die Reichswehr eine Armee der Republik werden?

In der wissenschaftlichen Literatur wird der Wandel im Verhältnis zwischen Reichswehr und den Institutionen der Weimarer Republik, das sich allmählich zu einem „Miteinander" von Reichswehr und Politik entwickelte, oftmals dem Wechsel des Chefs der Heeresleitung zugeschrieben. Erst unter von Seeckts Nachfolger Wilhelm Heye habe sich das Verhältnis der Reichswehr deutlich zu Gunsten einer Zusammenarbeit mit den Institutionen der Weimarer Republik verschoben.[137] Hans Mommsen führt eine „Strategieschrift

---

[136] „Bei allen diesen, zum großen Teil erst in der Einleitung begriffenen Maßnahmen [in der Zusammenarbeit mit Russland auf militär-technischem Gebiet] bleibt die Teilnahme und sogar die offizielle Kenntnis der deutschen Regierung ganz ausgeschaltet." – Memorandum Seeckts „Deutschlands Stellung zum russischen Problem" vom 11. September 1922, abgedruckt in: Carsten, Reichswehr und Politik, Seite 146.

[137] Das entsprechende Kapitel ist bei Wohlfeil, Heer und Republik, überschrieben mit: „Von Seeckt zu Heye: Annäherung an die Republik." Seite 279. – „...daß sich seit 1928

Oberst Joachim von Stülpnagels von 1926" an, die anerkennt, „daß die Fernziele der Wiedergewinnung des Korridors, des Anschlusses Österreichs und der Aufhebung der Entmilitarisierung des Rheinlandes nur auf dem Weg einer langfristigen Revision erreichbar seien." Und weiter schreibt Mommsen: „Folgerichtig verlagerte sich die Aktivität der Reichswehrführung darauf, die langfristige Wehrhaftmachung des deutschen Volkes für einen kriegerischen Konflikt, der die Anwendung der Guerilla-Taktik einschloss, voranzutreiben."[138] Dass man diese Annäherung der Reichswehr an die Weimarer Republik aber schon unter der Amtsführung von Seeckts feststellen kann, nämlich schon seit etwa 1924, soll im Folgenden nachgewiesen werden.

das militärpolitische Schwergewicht innerhalb des Reichswehrministeriums von der Heeresleitung auf die ministerielle Spitze (Groener) und ihr Ministeramt (Schleicher) verlagert hatte" – Zeidler, Manfred: Militärgeschichte der Weimarer Republik 1918 bis 1933. Die Reichswehr im demokratischen Staat, in: Grundzüge der deutschen Militärgeschichte, Bd. 1 Historischer Überblick. Im Auftrag des Militärgeschichtlichen Forschungsamtes hrsg. von Karl-Volker Neugebauer, Freiburg 1993, Seite 282.

138 Mommsen, Aufstieg, Seite 253. Leider führt Mommsen keine weiteren Quellenangaben an. Das Vokabular Mommsens, mit dem er das Programm umschreibt, weist jedoch auf die Denkschrift Joachim von Stülpnagels „Gedanken über den Krieg der Zukunft" vom Februar 1924 hin. Darüber hinaus wurde Stülpnagel erst mit seiner Versetzung aus dem Reichswehrministerium am 1. Februar 1926 zum Oberst befördert. Doch seit diesem Zeitpunkt hat er aus der Braunschweiger Provinz aufgrund seines persönlichen Zerwürfnisses mit General von Seeckt sicherlich keine richtungweisenden Denkschriften mehr für das Reichswehrministerium geschrieben. Somit ist entweder die Datierung durch Mommsen (1926) oder der Bezug auf Stülpnagel als Verfasser dieser Strategieschrift in Zweifel zu ziehen.

4 Joachim von Stülpnagel und der Positionswechsel in der Haltung von Reichswehr zu politischer Führung der Weimarer Republik (1923 und 1924)

Schon kurz nach dem verlorenen Weltkrieg, wenn der Versailler Vertrag nicht angenommen und Deutschland daraufhin von alliierten Truppen besetzt worden wäre, rechnete Joachim von Stülpnagel „in Erinnerung an die napoleonische Zeit damit, daß dann das Volk wachgerüttelt werden würde und daß wir Soldaten vom Osten aus einen neuen Befreiungskrieg vorbereiten könnten“[139]. Der französischen Propaganda und dem „Geist Richelieus ... wollte ich den brandenburgisch-preußischen Gedanken gegenüberstellen.“[140]

Im Oktober 1921 schrieb Stülpnagel, damals als Unterabteilungsleiter P4 für die Personalführung der Generalstabsoffiziere und die Offiziere des Ministeriums verantwortlich, „Broschüren über den Volkskrieg, erst in Spanien zur Zeit Napoleons und später eine weitere über den Kampf an der Loire 1870, ein Problem, das mich im Hinblick auf etwaige deutsche Notwendigkeiten in der Zukunft sehr beschäftigte.“[141] Es handelte sich hierbei wohl um erste, aus eigenem Interesse ausgearbeitete Studien, mit deren Hilfe Deutschland auf zukünftige Kriege vorbereitet werden könnte.

Das Jahr 1923 brachte der Reichswehrführung Ernüchterung über die Wirksamkeit ihrer bisherigen Arbeit und zwang sie zu einem Umdenken. Die Besetzung des Ruhrgebiets am 11. Januar 1923 durch französische und belgische Truppen bedeutete für die

---

[139] Stülpnagel, 75 Jahre, Seite 162.
[140] Ebenda.
[141] Ebenda, Seite 199.

Reichswehr ihre erste militärische Niederlage. Dem Einmarsch in die nach Versailler Vertrag entmilitarisierte Zone hatte die Reichswehr nichts entgegenzusetzen und musste diesen tatenlos hinnehmen. Die junge Republik war weder militärisch noch politisch in der Lage, die Unversehrtheit des deutschen Territoriums und die Sicherheit der Bevölkerung zu garantieren. Die Weimarer Republik war in dieser Situation militärisch wehrlos, Joachim von Stülpnagel erkannte: „An einen aktiven Kampf mit unseren schwachen Kräften war nicht zu denken."[142] Die Reichswehr war in dieser Phase „noch nicht die dominierende Macht, sie besaß noch nicht das Gewaltmonopol in der Innenpolitik"[143], denn neben der Reichswehr existierten private und halbstaatliche Wehrorganisationen, die über einen großen Teil an Waffen und über militärisches Gerät verfügten. Von einem funktionierenden Instrument zur Landesverteidigung war die Reichswehr noch weit entfernt.

Die Auseinandersetzung um die Besetzung des Ruhrgebietes schien – jedenfalls in den Augen des Kabinetts – die Burgfriedenssituation des Ersten Weltkrieges zu erneuern. Ein Mythos der „klassenüberschreitenden Volksgemeinschaft" gegen die französische Ruhrbesetzung entstand und ließ die innenpolitischen Interessengegensätze für den Augenblick zurücktreten. Dabei handelte es sich nach Mommsen im Grunde „um einen Rückfall in die nationale Prestigepolitik, wie sie die Gegner der Unterzeichnung des Versailler Friedensvertrages 1919 gefordert hatten."[144] Auch die deutsche Presse stimmte nationalistische Züge in ihren Veröffentlichungen an. Mit der Weigerung der Reichsregierung, fortan den Reparationsforderungen – zumindest gegenüber den Ruhrbesetzern – nachzukommen, wurde in der deutschen Öffentlichkeit der Irrglaube genährt, dass durch einen bestandenen Widerstandskampf am Ende

---

[142] Stülpnagel, 75 Jahre, Seite 205.
[143] Geyer, Aufrüstung, Seite 25.
[144] Mommsen, Aufstieg, Seite 170.

die völlige Beseitigung des Systems der Pariser Verträge stehen würde und man dadurch die alte außenpolitische Handlungsfreiheit wieder zurückgewinnen könnte.

Der Aufruf der Reichsregierung zum passiven Widerstand gegen die französisch-belgische Besetzung des Ruhrgebietes führte bei der Reichswehr dazu, dass die Demilitarisierungsbestimmungen des Versailler Vertrages nun bewusst und verstärkt unterlaufen wurden. Es wurden verstärkt Zeitfreiwillige angeworben, und die Zusammenarbeit mit den paramilitärischen Verbänden wurde intensiviert. Die Bestrebungen der Reichswehr reichten von Waffenlieferungen über Geldzuwendungen bis hin zu ausgeführten Sabotageakten und verwandelten den passiven in einen aktiven Widerstand.

Joachim von Stülpnagel hat im Ruhrgebiet und in Westfalen versucht, den passiven Widerstand in einen aktiven paramilitärischen Widerstand umzuformen, indem er zu Sabotageaktionen und Anschlägen animierte.[145] Stülpnagel wollte, und hier wird bereits sein Konzept eines Volksaufstandes und Befreiungskriegs deutlich, die Bevölkerung, „die ob Unternehmer oder Arbeiter endlich eine Einheitsfront bildete“[146], zur Führung eines Partisanenkrieges anhalten.

Zur praktischen Vorbereitung dieses Partisanenkrieges hatte Stülpnagel, als Chef der Abteilung T1 im Reichswehrministerium gehörte dies zu seinem Aufgabenbereich, schon früher begonnen, einen staatlich organisierten „Feldjägerdienst“ aufzubauen, der „das Vorrücken des Feindes durch Sabotageakte nach einem bestimmten

---

[145] Carsten, Reichswehr und Politik, Seite 175, zitiert Stülpnagel aus einem Brief von 1940: Stülpnagel „erhielt mit dem Einverständnis von Seeckt die Vollmacht und viel Geld für die Sabotageaktionen im Ruhrgebiet. [...] Es handelte sich darum: [...] die eindringenden Franzosen durch Sabotageakte zu hemmen, ... den passiven Widerstand der Bevölkerung in einen aktiven zu entwickeln (Bartholomäusnacht) und diesen - soweit möglich - staatlich zu organisieren.“ – Vgl. auch Meier-Welcker, Seeckt, Seite 348f., der das Verhältnis Seeckt – Stülpnagel in dieser Phase näher beleuchtet.

[146] Stülpnagel, 75 Jahre, Seite 205.

Plan [...] verzögern“[147] sollte. Letzten Endes sollte dann „am Thüringer Wald das gesamte Reichsheer zur Abwehr weiteren französischen Vorgehens“[148] eingesetzt werden. Stülpnagel wollte durch diese Vorgehensweise „Zeit [...] gewinnen, bis vielleicht England zur Besinnung kommen und dem französischen Vorgehen Einhalt gebieten würde“[149]. Nach Michael Geyer konstruierte Stülpnagel damit „sein eigenes atavistisches Kriegsbild“ und „hatte also kein realisierbares Konzept für die militärische Verteidigung“[150].

Doch das Desaster der Ruhrbesetzung von 1923 eröffnete „noch einmal Entscheidungsalternativen für die deutsche Militärpolitik“[151]. Eine grundlegende Neuorientierung der Militärpolitik erfolgte aufgrund des Ruhreinmarsches zunächst nicht, wohl aber eine Intensivierung der Rüstungsanstrengungen.[152] Insgesamt lag der Vorgehensweise des Militärs während der Ruhrkrise kein langfristig durchdachtes und nutzbares Konzept für den Aufbau und die Verwendung der Reichswehr zur Kriegführung zugrunde. Unkoordinierte kurz-, mittel- und langfristige Maßnahmen dienten nicht den unmittelbaren militärischen Erfordernissen einer Kriegführung, sondern gestalteten insgesamt die innen- und außenpolitischen Verhältnisse der Weimarer Republik im macht- und militärpolitischen Interesse der Reichswehr allmählich um.[153]

Die Reichsregierung hatte das „Abenteuer passiver Widerstand“ begonnen, ohne die Konsequenzen vorher hinreichend abgeschätzt zu haben. Auf die streikende Beamtenschaft reagierte die französische Besatzungsverwaltung mit der Ausweisung von fast

---

147 Stülpnagel, 75 Jahre, Seite 206.

148 So Joachim von Stülpnagel in einer Denkschrift für Seeckt zum Einsatz der Reichswehr, ebenda, Seite 205.

149 Ebenda.

150 Geyer, Aufrüstung, Seite 29.

151 Ebenda, Seite 27.

152 Zu den Maßnahmen im unmittelbaren Zusammenhang des Ruhreinmarsches vgl. Geyer, Aufrüstung, Seite 27 f.

153 Ausführlich dazu: Geyer, Aufrüstung, Seiten 30 - 38.

147.000 Bediensteten. Die Gehälter mussten aus dem Reich bezahlt werden, ohne dass dem Steuereinnahmen gegenüber gestanden hätten. Das Reich musste die Schwerindustrie durch zinsgünstige Kredite subventionieren, um eine Massenarbeitslosigkeit zu vermeiden. Dieser Weg führte zu schweren wirtschaftlichen Störungen und der damit zusammenhängende Kaufkraftverlust der deutschen Währung führte bei der Bevölkerung in den besetzten Gebieten ebenso zu einem Nachlassen der Bereitschaft zum passiven Widerstand wie der zunehmend ausgeübte direkte Druck der Besatzungsverwaltung.

Mit dem Abbruch des passiven Widerstandes im Ruhrgebiet im September 1923 durch den neuen Außenminister Stresemann musste der zukünftige politische Kurs der Reichswehr neu festgelegt werden. Die Zuspitzung der innenpolitischen Krise mit Unruhen und Aufständen in vielen Teilen Deutschlands führte zur Übertragung der vollziehenden Gewalt zunächst an Reichswehrminister Geßler und im November 1923 – nach dem versuchten Putsch durch Hitler und Ludendorff in München – an den Chef der Heeresleitung, General von Seeckt. Die Krise in Deutschland drohte auch die Reichswehr zu erfassen und sie zwischen den einzelnen Interessengruppen aufzureiben. Von Seeckt wurde mehrfach gedrängt, die vollziehende Gewalt mehr auszunutzen und politischen Einfluss zu nehmen.[154] Aber von Seeckt, „der Allmächtige des Ausnahmezustandes, fühlte sich nicht berufen handelnd in das Getriebe einzugreifen."[155] Sollte die Reichswehr als Institution erhalten bleiben, so musste unbedingt eine „legale Entwicklung"[156]

---

[154] Auch Stülpnagel habe sich „mit seiner ganzen Person so eingesetzt, daß er [am 2. September 1923] spät abends zu Seeckt ging und von ihm verlangte, daß er nach der Macht griffe. ... Man kann auch feststellen, daß der Schritt Stülpnagels Seeckt hohe Achtung abgenötigt hat." – Rabenau, Seeckt, Seite 353.

[155] Stülpnagel, 75 Jahre, Seite 214 f.

[156] General Otto Hasse (1871 - 1942), der Chef des Truppenamts von 1922 bis 1926, während eines Vortages im Truppenamt im Dezember 1923, zitiert bei: Geyer, Aufrüstung, Seite 40.

auf Grundlage der staatlichen Autorität betrieben werden. Kurt von Schleicher[157], der Chef der innenpolitischen Abteilung des Truppenamtes im Reichswehrministerium, fasste am 7. Dezember 1923 zusammen: „Das Ziel ist 1.) Stärkung der Staatsautorität, 2.) Sanierung der Wirtschaft, 3.) Wiederaufbau der Wehrhaftigkeit, alles Vorbedingungen für eine Außenpolitik, die ein Großdeutschland zum Ziele hat".[158] Festzuhalten ist an dieser politischen Linie der Reichswehrführung die „funktionale Unterordnung der politischen Ziele unter den Primat einer militärischen Außenpolitik und die dazu notwendigen Vorbereitungen".[159] Als genuin militärisches und nicht politisch motiviertes Ziel erkennt Michael Geyer für die Reichswehr in dieser Phase den Aufbau eines starken Staates, der umfangreiche Mobilmachungs- und Rüstungsarbeiten durchführen konnte.

Während des militärisch beherrschten Ausnahmezustandes in Deutschland Ende 1923 / Anfang 1924 sollte es nach Meinung führender Reichswehroffiziere zu einer Neuordnung der inneren Verhältnisse zur Stärkung der Staatsautorität kommen. Damit würden dann auch die Voraussetzungen geschaffen für einen Wiederaufbau der militärischen Machtmittel, die eine starke deutsche Außenpolitik benötige. Der Einmarsch der Reichswehr in Sachsen und Thüringen war ein erster Schritt dazu. Vor dem Hintergrund der sozialen Unruhen im besetzten Ruhrgebiet, die sich an den Fragen der Arbeitszeit, des Lohnniveaus und der Sozialleistungen in der Schwerindustrie an der Ruhr entzündeten, kann die politische Linkswendung auch in Sachsen und Thüringen gesehen

[157] Oberstleutnant Kurt von Schleicher (1882 - 1934) war als Chef der innenpolitischen Abteilung des Truppenamtes im Reichswehrministerium zu diesem Zeitpunkt unmittelbar dem Chef des Truppenamtes unterstellt. War Schleicher somit der politische Berater, so bezeichnete sich Stülpnagel in seiner Funktion als Chef der Operationsabteilung T1 als militärischer Berater des Chefs des Truppenamtes. Vgl. Stülpnagel, 75 Jahre, Seite 191.

[158] Zitiert bei Geyer, Aufrüstung, Seite 41.

[159] Ebenda.

werden. Im Oktober 1923 nahm das sozialdemokratische Minderheitskabinett Zeigners in Sachsen KPD-Minister in die Regierung auf, was sich später in Thüringen wiederholte. Die danach einsetzende kommunistische Agitation gegen die Reichsverfassung, aber auch die Haltung der sächsischen Regierung gegen rechte Gruppierungen und illegale Aufrüstungsbestrebungen der Reichswehr, führten zur Reichsexekution gegen Sachsen, mit der ein Reichskommissar für Sachsen berufen wurde. Wenig später erfolgten die militärische Besetzung Thüringens und der erzwungene Rücktritt der dortigen Koalitionsregierung.

Neben der mitteldeutschen Krise im Oktober 1923 blieb der Konflikt zwischen Bayern und dem Reich einstweilen in der Schwebe. Hans Mommsen sieht in diesem Konflikt „ein Symptom der tief greifenden inneren Gefährdung des parlamentarischen Systems von Weimar.“[160] Denn Bayern war seit der Niederschlagung der Münchner Räterepublik zum Hort der gegenrevolutionären Kräfte in Deutschland geworden, was sich dann im Hitler-Ludendorff-Putsch am 8. November 1923 in München äußern sollte. Aber nachdem der unzureichend vorbereitete Demonstrationsmarsch Hitlers an der Münchner Feldherrenhalle im Feuer der bayerischen Landespolizei zusammengebrochen war und General von Seeckt mit der Vollziehenden Gewalt beauftragt wurde, verliefen sich die gegen die Weimarer Republik gerichteten Bestrebungen von rechts. Von Seeckt fand rasch in seine Rolle und übernahm mit der Reichswehr in weitem Umfang die öffentliche Verwaltung. Er unterließ jedoch weitergehende Maßnahmen in Richtung eines Direktoriums, wozu er gerade seitens einiger Reichswehroffiziere immer wieder gedrängt wurde.

Der nächste notwendige Schritt auf diesem Wege, die beabsichtigte Umbildung der preußischen Regierung scheiterte nach

---

[160] Mommsen, Aufstieg, Seite 198.

Stülpnagels Aussage in erster Linie „an der Klugheit Brauns und Severings."[161] Hier muss auch die feste Haltung des Reichspräsidenten und des Reichskanzlers Stresemann angeführt werden, die sich dagegen wandten, einen Reichskommissar für Preußen einzusetzen. Dabei war wohl die Einsicht vorherrschend, dass eine nationale Diktatur in Deutschland zu einem verstärkten Druck Frankreichs geführt hätte, dass die Bildung einer Rechtsdiktatur in dieser Lage den gänzlichen Verlust des Rheinlandes nach sich gezogen haben würde. Mommsen schreibt dem Konflikt um die Besetzung des Rheinlandes mit Frankreich eine gewisse Katalysator-Wirkung zu, die einerseits die zweite schwere Krise der Weimarer Republik beförderte. Die nationalen, illusionären Vorbehalte, die der nicht verarbeiteten Kriegsniederlage und der inneren Verweigerung des Friedens entsprangen, führten zu einer Bedrohung der Weimarer Republik von links und rechts. Doch die Einsicht in die macht- und außenpolitischen Realitäten zum Ende des Jahres 1923 führten andererseits zu einer formalen Aufrechterhaltung des parlamentarischen Systems: „Mit dem fehlgeschlagenen Sturz der Preußenkoalition war einer der entscheidenden Wendepunkte des militärischen Ausnahmezustandes erreicht."[162] Damit war auch der Versuch der Reichswehrführung, direkten politischen Einfluss auszuüben, zunächst beendet. Konsequenterweise beendete General von Seeckt im Frühjahr 1924 den militärischen Ausnahmezustand.

[161] Stülpnagel in einem Brief an Erfurth vom 8. Januar 1924, BA/MA, Depot Stülpnagel N5/20.

[162] Geyer, Aufrüstung, Seite 43.

September 1924: Der Chef der Heeresleitung von Seeckt bei einem Manöver der 6. Division – Stülpnagel als Abteilungsleiter im Truppenamt begleitet

Eine Neueinschätzung der militärpolitischen Lage Deutschlands durch das Reichswehrministerium fand um die Jahreswende 1923/24 in der so genannten Stülpnagel-Denkschrift vom Februar 1924 ihren Ausdruck, die im folgenden untersucht werden soll.

4.1 Denkschrift „Gedanken über den Krieg der Zukunft" vom Februar 1924

„Ich hielt im Ministerium einen Vortrag über den „Krieg der Zukunft", der viel Zustimmung fand und den ich auch an den Kronprinzen, Hindenburg und meine Freunde schickte, die mir für meine Anregungen dankten."[163] Eine weitere Erwähnung oder eine Bewertung dieses Vortrages findet sich in den nachgelassenen Erinnerungen Joachim von Stülpnagels nicht.

Bevor in dieser Arbeit eine Bewertung der Denkschrift vorgenommen wird, soll zunächst auf den Inhalt der Denkschrift eingegangen werden.[164] Im Februar 1924 hielt Stülpnagel als Chef der Heeresabteilung (Abteilung T1) im Allgemeinen Truppenamt einen Vortrag vor den Offizieren des Reichswehrministeriums. Mit seinen „Gedanken über den Krieg der Zukunft", so der Titel des Vortrages, wollte Stülpnagel zu einem intensiven Gedankenaustausch anregen, um zu einheitlichen Auffassungen über den Befreiungskrieg Deutschlands zu kommen.

In der Einleitung (I. Abschnitt) postulierte Stülpnagel die Notwendigkeit eines Krieges gegen Frankreich, das nach dem verlorenen Krieg systematisch die Vernichtung Deutschlands betreibe, und um sich dadurch von den Bedingungen des Versailler Vertrages zu befreien. Stülpnagel vertrat die Meinung, dass nur eine kriegerische Auseinandersetzung die alte Machtstellung Deutschlands wiederherstellen könne und dass politische Verhandlungen und wirtschaftlicher Kampf allein nicht zum Erfolg führen würden. Die Frage des Zeitpunkts einer Auseinandersetzung ließ Stülpnagel

---

163 Stülpnagel, 75 Jahre, Seite 215.

164 Ein Exemplar dieser Denkschrift, nach dem hier auch zitiert wird, befindet sich im Bundesarchiv / Militärarchiv (BA/MA) in Freiburg im Nachlass Joachim von Stülpnagels unter der Signatur N 5/10.

offen, forderte aber von jeder deutschen Regierung die konsequente Vorbereitung auf den „Befreiungskampf" und die „Wehrhaftmachung des deutschen Volkes" bei gleichzeitigem, außenpolitisch vorsichtigem Vorgehen. Der Zeitpunkt zum Krieg sei erst dann gekommen, wenn die Vorbereitungen der Politik und die Vorbereitungen der Wehrmacht mit dem nationalen Willen der Mehrheit des Volkes in Einklang gebracht worden seien.

Die politischen Voraussetzungen, die zuvor erfüllt sein müssten, schilderte Stülpnagel im II. Abschnitt. Er wies darin „der Außenpolitik", „der Innenpolitik" und der „Wirtschaft" konkrete Aufgaben bei der Vorbereitung eines Befreiungskrieges zu.

Der Hauptteil (III. Abschnitt), „Die Kriegführung", geht von einer außen- und militärpolitischen Lagebeurteilung aus und leitet aus der Unterlegenheit des gemäß Versailler Vertrages entwaffneten Deutschlands die Notwendigkeit einer Kombination aus einem Krieg mit regulären Streitkräften und einer Volkserhebung ab.

Nach Ansicht Stülpnagels müsse der Krieg wegen der militärischen Unterlegenheit Deutschlands zunächst in strategischer Defensive aufgenommen werden. Er nannte dies den „ersten großen Kampfabschnitt". Dadurch solle Zeit gewonnen werden zur Mobilisierung des Volksheeres und zum Finden von Koalitionspartnern. Aus diesem Zeitgewinn heraus solle dann der offensive Kampf um die Kriegsentscheidung („zweiter Kriegsabschnitt") entwickelt werden.

Im Schlussteil (IV. Abschnitt) fasste Stülpnagel nochmals die inhaltlichen Hauptpunkte des Vortrages zusammen: Die Notwendigkeit eines Befreiungskampfes gegen Frankreich und die konsequente Vorbereitung auf diesen Krieg in allen politischen und gesellschaftlichen Bereichen, um „die Freiheit des deutschen Volkes" wiederzugewinnen.

4.2 Forderung nach einer Militarisierung der Gesellschaft

Bei einer konsequenten Umsetzung der Denkschrift würden sich für die Weimarer Republik Konsequenzen ergeben, die in ihrem Endzustand einer Militarisierung der gesamten Gesellschaft gleichkommen würden.

Ausgangspunkt für die „Gedanken über den Krieg der Zukunft“ waren die Überzeugung: „Frankreich ist unser Todfeind“[165] und die daraus zu ziehende Folgerung: „Es steht für mich fest, [...] daß Deutschland in absehbarer Zeit einen Krieg führen muß, um sich vom Versailler Vertrag und dem französischen Gesindel in den Rheinlanden zu befreien [...]“[166] Frankreich unterstellt er dabei als Ziel, „das Ende Deutschlands, die Vernichtung seines politischen, wirtschaftlichen und kulturellen Eigenlebens“[167] zu betreiben. Als Handlungsmöglichkeiten sieht er dabei entweder die ewige Kapitulation Deutschlands und damit den Untergang, was er ausschließt, oder eben eine kriegerische Auseinandersetzung. Stülpnagel erkannte jedoch die militärische Unterlegenheit Deutschlands gegenüber Frankreich an.[168] Aus der Einsicht in die deutsche militärische Unterlegenheit heraus wollte Stülpnagel ein Konzept für die Kriegsführung der Reichswehr entwickeln, mit dem auch ein schwächerer Gegner wie Deutschland mit Aussicht auf Erfolg Krieg

[165] Stülpnagel, Denkschrift, Seite 4.

[166] Reichswehrministerium, Heeresabteilung Nr. 270/24 T1 IB geheim, vom 18. März 1924, gez. St., BA/MA, Depot Stülpnagel N 5/20.

[167] Stülpnagel, Denkschrift, Seite 6.

[168] Reichswehrministerium, Heeresabteilung Nr. 270/24 T1 IB geheim, vom 18. März 1924, gez. St., BA/MA, Depot Stülpnagel N 5/20: „... und zweitens, daß wir uns bis zu diesem Zeitpunkt kaum personelle und materielle Rüstung beschaffen können, die der feindlichen nur annähernd gleich ist.“ – In der Denkschrift heißt es: „Was dem gegenüber [der französischen Rüstung gegenüber] Deutschland heute leisten kann, ist - Nichts.“ – Stülpnagel, Denkschrift, Seite 13.

gegen einen stärkeren Gegner führen konnte. Dazu wurde unter Anlehnung an historische Beispiele das Konzept des „Volkskrieges“ als Befreiungskrieg wiederbelebt.

Grundlegendes Element eines Volkskrieges war die wehrhafte Nation, die in einer ersten Phase des Krieges durch einen staatlich koordinierten Partisanenkrieg den Gegner schwächen und der regulären Streitkraft Zeit verschaffen sollte. Nach Auffassung Stülpnagels war ein militärisch schwächerer Gegner wie Deutschland gegenüber Frankreich auf eine solche Ermattungsstrategie angewiesen. Der Angreifer sollte durch einen militarisierten Partisanenkrieg von so genannten Feldjägerorganisationen[169] zu einem Abnutzungskrieg in Deutschland gezwungen werden. Diese Form der Kampfführung in der ersten Phase des Krieges sollte den Gegner in einem Flächenkrieg in tiefsten Räumen abnutzen und aufreiben, aber zu welchem Preis? Stülpnagels Konzept forderte zunächst von der Grenzbevölkerung einen „Krieg der verbrannten Erde“.[170] Neben der operativen Nutzung des gesamten deutschen Territoriums zur Kriegführung waren Verluste unter der Bevölkerung hinzunehmen und selbstverständlicher Bestandteil der Kriegführung. Dabei wurden bis zu 75% Verluste in den Grenzschutzverbänden hingenommen. Eine „Wehrhaftmachung des Staates“[171] als Voraussetzung dieser Kriegführung war damit das erste Hauptanliegen Stülpnagels, das er zur Umsetzung seines Konzepts forderte. Der entscheidende Neuansatz Stülpnagels liegt darin, dass bereits vor einem Krieg die gesamte Nation militärisch vorbereitet und organisiert sein müsse und dass diese nationale Einigung nicht erst im Krieg geschehen könne. Stülpnagel ging es für diese erste Phase des Krieges um einen Lenkungsanspruch der

---

[169] Zu den Feldjägerorganisationen siehe oben Seite 76f., und Geyer, Aufrüstung, Seite 100.
[170] Geyer, Aufrüstung, Seite 87.
[171] Stülpnagel, Denkschrift, Seite 16.

Reichswehr gegenüber der Gesellschaft[172]; um ein solches Konzept nämlich organisatorisch und personell umsetzen zu können, war die Unterordnung der gesamten Gesellschaft unter die militärische Führung schon im Frieden unabdingbare Voraussetzung. „Der militarisierte Nationalismus konnte nach Stülpnagel nicht Folge, sondern musste essentielle Voraussetzung eines Befreiungskrieges sein.“[173] Eine solche Wehrhaftmachung des Volkes hat Auswirkungen auf die jeweilige Außen-, Innen- und Wirtschaftspolitik, bedeutet in letzter Konsequenz aber gerade auch eine gesellschaftliche Umgestaltung.

Stülpnagel zog für seine Kriegskonzeption konsequente Folgerungen aus den Erfahrungen des Ersten Weltkrieges. Ein zukünftiger Krieg werde unweigerlich ein totaler[174], d.h. alle Bereiche der Gesellschaft und Wirtschaft umfassender Krieg sein. Die Vorbereitung eines solchen künftigen Krieges erfordere deshalb das frühzeitige Vorbereiten und Beteiligen der gesamten Nation.

Der Krieg zwischen Armeen, die Vernichtung des Feindes in einer großen Feldschlacht „nach Schlieffenscher Lehre“[175] und nach dem Dogma der Vernichtungsschlacht[176], sollte dann erst in einer zweiten Phase des Krieges erfolgen. Die erste Phase sollte mit einer Ermattungsstrategie Deutschlands durch einen Volksbefreiungskampf geführt werden. Der Gegner sollte zunächst durch einen Volkskrieg geschwächt und entnervt werden, so dass dann selbst ein ursprünglich zahlenmäßig und materiell überlegener Gegner wie

---

172 Geyer, Aufrüstung, Seite 89.

173 Ebenda, Seite 42.

174 Stülpnagel wandelt damit natürlich auf den Pfaden seines militärischen Förderers Ludendorff, jedoch gab es für Stülpnagel ein anderes Verhältnis zwischen Politik und Militär, als Ludendorff dies vorschwebte. Zum näheren Verständnis vgl. Ludendorff, Erich: Der totale Krieg, München 1935.

175 zitiert bei: Geyer, Aufrüstung, Anmerkung 51, Seite 87.

176 Vgl. Wallach, Jehuda: Das Dogma der Vernichtungsschlacht. Die Lehren von Clausewitz und Schlieffens und ihre Wirkungen in zwei Weltkriegen, Frankfurt a.M. 1967.

Frankreich von einem unterlegenen Deutschland in strategischer Offensive erfolgreich bekämpft werden konnte. Außerdem konnte die Reichswehr in der durch den Volkskrieg gewonnenen Zeit ihre Mobilmachung und Rüstung weiter betreiben.

Die Kriegführung wurde in Stülpnagels Konzeption bewusst über deren bisherige Träger, die Armeen, hinaus ausgedehnt auf weite Bereiche der zivilen Gesellschaft. Breite Teile der Bevölkerung sollten unter militärischer Führung aktiv am Volkskrieg teilnehmen und mussten dazu vorbereitet werden. Man kann hierin eine Auflösung des Gewaltmonopols des Militärs erkennen. Michael Geyer spricht in diesem Zusammenhang von einer „Vergesellschaftung der Kriegführung“[177] als Resultat militärisch-operativer Überlegungen. In der Konsequenz dieses Konzepts handelte es sich um eine Militarisierung der Innen- und Gesellschaftspolitik!

Wie tief die Eingriffe in die Gesellschaft vorgenommen werden sollten, kann an Stülpnagels Forderungen nach „nationaler und wehrhafter Erziehung unserer Jugend ... und der Erzeugung von Hass gegen den äußeren Feind“, nach dem „Einsatz der gesamten Volkskraft - das [sei] ... die allgemeine Wehrpflicht“ und an der Forderung nach „diktatorischen Gesetzen“[178] abgelesen werden.

Ähnlich rigoros wie in die deutsche Gesellschaft eingegriffen werden sollte, wollte Stülpnagel auch die politischen Felder der Innen-, Außen- und Wirtschaftspolitik militärisch ausrichten.

Innenpolitisch sollten die „krankhaften parlamentarischen Zustände“[179] ausgeschaltet werden, damit nach Stülpnagels Ansicht zielgerichteter und effektiver politisch gearbeitet werden könne. Die politischen Strukturen müssten nach seiner Vorstellung so gestaltet und organisiert werden, dass eine starke Zentralgewalt herrsche und

---

177 Geyer, Aufrüstung, Seite 88.

178 Zitate Stülpnagel, Denkschrift, Seite 6ff.

179 Stülpnagel, Denkschrift, Seite 6.

damit alle staatlichen Organe auf die Unterstützung zur Vorbereitung des Befreiungskrieges verpflichtet werden könnten. Bei diesen Vorstellungen wird erneut die persönliche politische Einstellung Stülpnagels deutlich, die sich in der Reichswehrführung etwa auch bei Seeckt oder Schleicher wieder finden lässt. Die bisherigen Erfahrungen mit den wechselnden Regierungen der Weimarer Republik widersprachen Stülpnagels Auffassung von Effektivität und Zielgerichtetheit. Hier tritt wieder der Offizier mit seinem eher militärischen Verständnis von Befehl und Gehorsam in den Vordergrund, das sich im parlamentarischen Bereich natürlich so nicht wieder findet. Innenpolitisch forderte Stülpnagel deshalb eine „volle Wandlung" der Gesellschaft und der politischen Strukturen, „bevor ernsthaft an die Aufnahme des Krieges gedacht werden kann."[180] Das „politische Denken" war bei Stülpnagel bis zu diesem Zeitpunkt wohl noch nicht sehr ausgeprägt. Ihm fehlte zu diesem Zeitpunkt das generelle Verständnis für demokratische Prozesse und Abläufe in der Weimarer Republik. Eine Weiterentwicklung seines Konzepts in den Strukturen und mit den Institutionen der Weimarer Republik war von Stülpnagel nicht angedacht und auch nicht versucht worden. Maßstab waren allein die militärischen Erfordernisse.

Die deutsche Außenpolitik sollte in ihrer Zielsetzung ebenso an militärischen Vorgaben ausgerichtet werden. Der Hauptgegner Frankreich müsse von der Außenpolitik durch Verhandlungen und eine aktive Bündnispolitik hingehalten werden. Ganz bewusst sollten England und Russland als Bündnispartner, zumindest aber als natürliche Gegner Frankreichs, gewonnen werden. Dabei sollten die Gegensätze im europäischen Staatensystem bewusst ausgenutzt werden, „bis in der Welt der Eindruck hervorgerufen ist, daß wir als souveränes Volk nach Versagen aller anderen Mittel nur durch eine

[180] Stülpnagel, Denkschrift, Seite 6.

Volkserhebung das französische Sklavenjoch abwerfen können."[181] Zwischenzeitlich sollte durch eine solche Bündnispolitik für die notwendige Rüstung Zeit gewonnen werden, andererseits sollte Deutschland die materielle und moralische Unterstützung durch das Ausland erreichen. Stülpnagel forderte eine ganz klar national ausgerichtete Außenpolitik, die vor allem die deutsche Interessenvertretung im Auge haben müsste.[182] Eine außenpolitische Zusammenarbeit und eine Vorgehensweise im System des Völkerbundes lehnte er ab, da er eine Instrumentalisierung des Völkerbundsystems durch Frankreich und England unterstellte.[183] Stülpnagel wollte die Instrumente der deutschen Außenpolitik („Auswärtiges Amt, Presse, Propaganda, Diplomaten und Reichswehr") auf eine gesunde Basis gestellt wissen, damit „die Vorbereitungen des Krieges durch die auswärtige Politik wesentlich gefördert"[184] werden konnten.

Der wirtschaftlichen Umgestaltung im Hinblick auf die Vorbereitung eines Befreiungskrieges widmete Stülpnagel in seiner Denkschrift nur wenig Raum. Er erkannte hier seine begrenzten Einblicke in die Organisation und den Ablauf volkswirtschaftlicher Vorgänge. Umso pauschaler fiel hier seine Forderung aus: Die deutsche Wirtschaft müsse so vorbereitet werden, dass sie mit einem Schlage auf die neuen Anforderungen der Kriegswirtschaft umge-

---

181 Stülpnagel, Denkschrift, Seite 5.

182 „Solange das Auswärtige Amt den Ruf hat französisch, polnisch, englisch aber nicht deutsch zu denken, [...], solange deutsche Vertreter im Ausland pazifistisch sind, [...] , solange ist nicht damit zu rechnen, daß die Vorbereitung des Krieges durch die auswärtige Politik wesentlich gefördert wird." – Stülpnagel, Denkschrift, Seite 5f.

183 Diese Einstellung wird in einem Memorandum vom Februar 1924 deutlich, in dem Stülpnagel die internationalen Abhängigkeiten, vor allem die Rolle Englands und Frankreichs, analysiert: „Die gleichen Befürchtungen für Deutschlands nationale Zukunft erweckt der von demokratischer Seite heute propagierte Gedanke einer europäischen Kooperation der Völker, d.h. eines Föderativsystems sämtlicher europäischer Staaten. Auch er kann die gesunde nationale Entwicklung und Wehrhaftmachung des deutschen Volkes hemmen." – Denkschrift „Die Sicherheiten Frankreichs" vom 20. Februar 1924, BA/MA, Depot Stülpnagel N5/11. – Vgl. auch Carsten, Reichswehr und Politik, Seite 219.

184 Stülpnagel, Denkschrift, Seite 5f.

stellt werden könne „und bereits vom ersten Tage an restlos für den Krieg arbeiten kann."[185] Auch hier verarbeitete Stülpnagel konsequent die Erfahrung des Ersten Weltkrieges, in dem erst allmählich eine Umstellung auf die kriegswirtschaftlichen Anforderungen erfolgt war. Wollte Deutschland einen zukünftigen Krieg mit Aussicht auf Erfolg führen, so mussten nach Stülpnagels Ansicht die Vorbereitungen der Wirtschaft auf Kriegsbetrieb bereits im Frieden getroffen werden.

Zusammenfassend muss der Stülpnagel-Denkschrift zugestanden werden, dass hier versucht wurde, in Anlehnung an historische Beispiele (Volksaufstand, Befreiungskrieg gegen Frankreich), ein grundsätzliches Konzept zu erarbeiten, das Deutschland aus der als unerträglich empfundenen Situation 1923/24 heraushelfen sollte. Realistische Wege, wie dieses Konzept umgesetzt werden sollte, zeigt die Denkschrift nicht auf. Als ernste Gedankenarbeit, mit der man sich in der Reichswehr und darüber hinaus ab Februar 1924 auseinandersetzen konnte und sollte, muss diese Denkschrift aber als eine richtungweisende Auffassung für die Reichswehr angesehen werden.

4.3 Der preußische Befreiungskrieg gegen Napoleon als historisches Vorbild

Joachim von Stülpnagel sah im preußischen Befreiungskrieg gegen die napoleonische Herrschaft das historische Vorbild für die Weimarer Republik und leitete Lehren und Handlungsanweisungen davon ab. In der Denkschrift vom Februar 1924 verglich Stülpnagel die Position Deutschlands mit der Situation Preußens 1813, wenn er

[185] Stülpnagel, Denkschrift, Seite 8.

schrieb: „Wir müssen wieder die Stelle Preußens von 1813 aufnehmen, damals wie heute um Sein oder Nichtsein spielend, um das Eingreifen anderer Mächte gegen Frankreich herbeizuführen.“[186] Er schloss die Denkschrift mit den Worten Gneisenaus aus dem Jahre 1808: „Ein gewisses Vorgefühl sagt mir, daß der Tag der Rache kommen wird – auf die Möglichkeit dieses Tages sollen alle unsere Bemühungen gerichtet sein.“[187]

Auch in vielen Zeitungsartikeln, vor allem aus den Jahren 1924 und 1925, verglich Stülpnagel die historische Situation Preußens nach dem Zusammenbruch 1806/07 mit der aktuellen Situation der Weimarer Republik nach dem Zusammenbruch des Kaiserreichs nach 1918. Mit dem innigen Wunsch, was damals half, werde auch heute helfen, beschwor Stülpnagel eine Parallelität der historischen Ereignisse. „Deutschland erlebt heute Zustände, wie sie nach dem 30jährigen Krieg und nach 1806 und 1807 geherrscht haben. Sie wurden überwunden durch stärkste Konzentration der Staatskräfte, wie sie sich [...] nach 1807 durch die Willensdurchdringung starker Persönlichkeiten in Preußen zeigten.“[188]

So wie die Stimmung und aufkommende nationale Bewegung in Deutschland zu Beginn des 19. Jahrhunderts immer nachdrücklicher die Beseitigung des französischen Einflusses, die Wiederherstellung der Selbständigkeit der deutsche Staaten und eine nationale Einigung forderte, wollte Joachim von Stülpnagel eine nationale Bewegung gegen die französische Besetzung des Rheinlandes, gegen das Vertragssystem von Versailles und damit für einen nationalen Wiederaufstieg Deutschlands erreichen. Bevor dargestellt wird,

[186] Stülpnagel, Denkschrift, Seite 4.

[187] Ebenda, Seite 16.

[188] „Die Verantwortung“ – Berliner Börsen-Zeitung vom 7. Oktober 1925, ein Artikel, der sich mit der deutschen Verhandlungsposition auf der Locarno-Konferenz (5. bis 16. Oktober 1925) auseinandersetzt. Kritisch gefragt werden muss hier, ob sich die Situationen in den deutschen Staaten nach dem 30jährigen Krieg, nach 1806/07 und nach 1918 tatsächlich so problemlos miteinander vergleichen lassen.

welche Mittel Stülpnagel für eine nationale Bewegung in der Weimarer Republik für erforderlich hielt, soll im folgenden kurz auf das historische Vorbild – die nationale Erhebung Preußens gegen Napoleons Herrschaft – eingegangen werden.

Die preußische Erhebung gegen Napoleons Herrschaft kann nur im Zusammenhang mit den Befreiungskriegen 1813/14 und 1815 sowie den Bedingungen französischer Herrschaft in Europa angemessen dargestellt werden. Die Epoche, die mit der Französischen Revolution begann und mit der Wiederherstellung monarchischer Staaten in Europa nach 1815 endete, bezeichnet Peter Brandt in einer neueren Veröffentlichung als eine „Epoche des Umbruchs und Übergangs".[189] Die Revolutionskriege Frankreichs, die territoriale Umgestaltung Europas und schließlich die preußische Niederlage 1806/07 mit Gebietsverlusten, Kontributionszahlungen und einer deutlichen wirtschaftliche Verschlechterung verstärkten den Reformdruck in den deutschen Einzelstaaten. In diesem Zusammenhang sind die großen preußischen Reformer Stein, Hardenberg, aber auch Scharnhorst und Gneisenau zu nennen. Allen preußischen Reformern kam es nach dem Zusammenbruch 1806/1807 darauf an, den Staat neu zu gestalten und ein politisches Leben zu erwecken, das in Preußen mit dem in ganz Deutschland erwachenden nationalen Geist verbunden werden sollte. Schon in der so genannten Nassauer Denkschrift vom Februar 1807 hat Stein „die Belebung des Gemeingeistes und Bürgersinns, die Benutzung der schlafenden und falsch geleiteten Kräfte und der zerstreut liegenden Kenntnisse, den Einklang zwischen dem Geist der Nation, ihren Ansichten und Bedürfnissen, und denen der Staatsbehörden, die Wiederbelebung der Gefühle für Vaterland, Selbständigkeit und

---

189 Brandt, Peter: Die Befreiungskriege von 1813 bis 1815 in der deutschen Geschichte, Seite 86, in: ders. (Hrsg.): An der Schwelle zur Moderne. Deutschland um 1800, Bonn 1999, Seite 83 – 115.

Nationalehre"[190] als Ziel bezeichnet. Dadurch sollte Preußen wieder zu seiner alten Größe geführt werden.

Brandt beschreibt die Wirkungen napoleonischer Herrschaft in den deutschen Staaten, die sich ab etwa 1810 von einem anfangs vorhandenen Entfremdungsprozess aufgrund wirtschaftlicher Nachteile und der anhaltenden Belastungen in Folge von Kriegen zu offener Antipathie gegen Frankreich entwickelte. Als Höhepunkt der französischen Unterdrückung Preußens erkennt Brandt das Jahr 1812, in dem Preußen durch den Bündnisvertrag mit Frankreich in dessen Abhängigkeit geriet, und in dem der Russlandfeldzug Napoleons mit dem Durchmarsch seiner Streitmacht und der damit verbundenen Requirierungen und Plünderungen breite Bevölkerungsschichten gegen Frankreich aufbrachte. Die antifranzösische Stimmung steigerte sich im Herbst 1812 bis dann die ersten Nachrichten der Niederlage Napoleons vor Moskau allmählich die Stimmung in Preußen in Richtung Aufstand kanalisierte.

Den konkreten Anstoß zur Erhebung Preußens gegen Napoleon gab dann Hans David von Yorck, der Befehlshaber des preußischen Hilfskorps in französischen Diensten, der ebenso wie die anderen Reformer auf das Ende der französischen Vorherrschaft bedacht war. Nachdem das preußische Hilfskorps von den französischen Verbänden auf dem Rückzug aus dem Baltikum abgeschnitten wurde, schloss Yorck am 30. Dezember 1812 mit dem russischen General von Diebitsch die so genannte Konvention von Tauroggen. Dieser kühne Schritt, ohne die Ermächtigung des preußischen Königs, neutralisierte die preußischen Truppen, gab den Russen die Möglichkeit an der Ostsee militärisch zu agieren und führte zum Bruch Preußens mit Frankreich. Anfang des Jahres 1813 organisierten als Beauftragter des Zaren Reichsfreiherr vom Stein, Yorck und

---

190 Zitiert bei: Braubach, Max: Von der Französischen Revolution bis zum Wiener Kongress, Stuttgart 1987, Seite 115. (= Gebhard. Handbuch der deutschen Geschichte, hrsg. von Herbert Grundmann, Band 14).

die zivilen Behörden Ostpreußens die Teilnahme der Provinz am bewaffneten Kampf gegen Napoleon. Nach bekannt werden Napoleons Niederlage vor Moskau breitete sich eine patriotische Begeisterung auch in anderen Landesteilen Preußens aus. Damit war seit dem Jahreswechsel 1812/13 eine zum Kampf gegen Napoleon drängende patriotische Bewegung in Gang gekommen, die „Züge einer Volkserhebung“[191] trug. Brandt versteht darunter hauptsächlich „die Beteiligung großer Bevölkerungskreise am Krieg und ihre weitgehende Identifizierung mit seinen Zielen“[192], aber auch den aufständischen Charakter der Frühphase und die unbestimmt freiheitliche Motivation seitens der Soldaten. Er zitiert aus einer Untersuchung zur Bewusstseinslage in Preußen in den Jahren 1809 bis 1812 die Feststellung, dass ungeachtet „aller gerechtfertigten Kritik an der Verklärung der Befreiungskriege [...] die Erhebung des Frühjahrs 1813 ein beeindruckendes, ja faszinierendes Phänomen“[193] bleibe.

Nach Übersiedlung des preußischen Königs aus dem im französischen Machtbereich liegenden Berlin nach Breslau (am 22. Januar 1813) wurde eine Rüstungskommission unter der Leitung Scharnhorsts gebildet. Es erfolgte am 3. Februar der Aufruf an die Jugend zur Bildung von freiwilligen Jägerverbänden und am 9. Februar 1813 die Verkündung der allgemeinen Wehrpflicht. Nach dem formellen Bündnis zwischen Russland und Preußen Ende Februar erfolgte am 17. März 1813 die Verordnung über die Landwehr. So wirkten patriotische Bewegung des Volkes und die preußische Regierung letztendlich zur Befreiung von französischer Herrschaft zusammen. Am 17. März 1813 erließ König Friedrich Wilhelm III. außerdem den Aufruf „An mein Volk“, der eine

[191] Eine Formulierung Thomas Nipperdeys, zitiert bei: Brandt, Befreiungskriege, Seite 99.
[192] Brandt, Befreiungskriege, Seite 99.
[193] Ebenda, Seite 100.

Brücke zwischen Monarch und Volk zu schlagen versuchte.[194] Nachzutragen bleibt, dass – neben der Verstärkung der regulären preußischen Truppen – die freiwilligen Formationen (Freikorps und Jägerabteilungen) starken Zulauf erhielten und von den Kreisausschüssen eine Landwehr mit wehrfähigen Männern gebildet wurde. Auf diese Weise wurde der Wehrgedanke in breite Kreise der preußischen Bevölkerung getragen. Die militärischen Reformer wollten mit diesen Truppen für die damalige Kriegführung revolutionäre Ideen verwirklichen, die schon in den Denkschriften Gneisenaus aus den Jahren 1808 und 1811 entwickelt wurden.[195] Doch die Sonderaufgaben für die Jägerabteilungen und die Absicht, bei drohenden Niederlagen der regulären Armeen, den Landsturm aufzubieten, hätten zu einer derartigen Entfesselung der Volkskräfte geführt, welche der König und weite Teile des Bürgertums ablehnten. Diese Ablehnung beruhte im Wesentlichen auf dem politischen Ordnungsgedanken, dem der Monarch und sein Staatsminister verpflichtet waren, und der eher auf eine friedliche Dauerordnung jenseits des Kämpfens ausgerichtet war. Nach Zurückdrängen der Volkskriegskomponente in Preußen durch eine Neuordnung des Landsturms und der (militärischen) Zerschlagung der Freikorps weiteten sich die Befreiungskriege mit dem Eintritt Österreichs im August 1813 und dem Übertritt der Rheinbundstaaten im November 1813 zu einem gesamtdeutschen Krieg gegen Napoleon aus.

Man erkennt in den Vorgängen in Preußen 1813, wie die Aufstellung von Freiwilligenverbänden und des Landsturms, der Nähe zwischen Herrscher und Volk sowie der allgemeinen Begeisterung in der Bevölkerung, das Vorbild für die Strategie, die Joachim von

[194] Der Aufruf „An mein Volk“ ist abgedruckt in: Grundzüge der deutschen Militärgeschichte, Im Auftrag des Militärgeschichtlichen Forschungsamtes hrsg. von Karl-Volker Neugebauer, Band 2 Arbeits- und Quellenbuch, Freiburg 1993, Quelle M 373.

[195] Vgl. dazu: Ritter, Gerhard: Staatskunst und Kriegshandwerk. Das Problem des „Militarismus“ in Deutschland, Erster Band: Die altpreußische Tradition (1740 – 1890), 2. Auflage, München 1959, Seiten 97 – 101.

Stülpnagel in der Denkschrift vom Februar 1924 mit seiner Forderung nach einer Wehrhaftmachung der Nation ebenfalls verfolgen wollte. Doch beschränkten sich die Anleihen Stülpnagels an die preußische Erhebung gegen Napoleon von 1813 keinesfalls nur auf den Einsatz der Streitkräfte der Weimarer Republik des Jahres 1924, wie in den folgenden Ausführungen gezeigt werden soll.

„Nur auf dem Boden eines starken Nationalbewusstseins erwachsen die sittlichen Kräfte, die uns im Innern gesunden lassen und die nach Außen Achtung erwecken."[196] Mit diesem Satz beschrieb Joachim von Stülpnagel im Januar 1924 – zunächst noch ohne expliziten Bezug zur preußischen Geschichte – die seiner Meinung nach einzig Erfolg versprechende Vorgehensweise, mit der Deutschland wieder seinen alten Platz in der europäischen Staatenwelt einnehmen konnte. „Nur auf dem Boden eines starken Nationalbewusstseins ...": Damit war für Stülpnagel die Stärkung des Nationalbewusstseins, eine Stärkung der nationalen Kräfte die wichtigste Grundlage für Deutschlands Wiederaufstieg.

Seiner Meinung nach waren starke nationale Kräfte in der deutschen Bevölkerung durchaus vorhanden, die nur aufgegriffen und in die richtigen Bahnen gelenkt werden müssten. Die nationalen Kräfte, wie sie beispielsweise in den vaterländischen Verbänden, den nationalen Kampforganisationen und den Jugendvereinen in Deutschland erkennbar seien, müssten vom innenpolitischen Kampf abgelenkt und auf ein großes nationales Ziel hin ausgerichtet werden. Nach Stülpnagels Meinung drängte die Jugend immer stärker nach einer großen nationalen Idee. In den vaterländischen Verbänden erkannte Joachim von Stülpnagel eine starke innerliche

---

[196] „Nationale Disziplin!" – Berliner Börsen-Zeitung vom 8. Januar 1924.

nationale Kraft, „auf die, richtig geleitet, auch in der Zukunft unser Volk nicht verzichten kann und soll.“[197]

Stülpnagel unterschied dabei zwischen den Rechtsverbänden, „die die Revolution als gesunde nationale Reaktion gegen die schwächliche Staatsführung nach Innen und Außen“ schuf, dem Reichsbanner Schwarz-Rot-Gold „als Parteitruppe für die Sozialdemokratie und die Demokratie“ und dem „roten Frontkämpferbund als kommunistische Stoßtruppe.“[198] Stülpnagel erkannte Willensimpulse wie „heißes nationales Wollen, stürmische Jugendkraft und den Einsatz des Lebens für des Vaterlandes Ehre“, die die Demokratie dringend brauche. „Die Erziehung unserer Jugend zu Zucht und Ordnung, das Erwecken des Verständnisses für die Nöte des Volkes und jedes Einzelnen, die Schärfung des nationalen Gewissens und die Stärkung der wehrhaften Idee“ seien große Aufgaben, die in zäher und stiller Arbeit verfolgt werden müssten und dann auch die Unterstützung des gesundenden Staates finden würden.[199] Stülpnagel forderte daher auch den Zusammenschluss der rechts orientierten vaterländischen Verbände zu einer nationalen Front, die den Weg mitbereiten könnten, der zur Gesundung Deutschlands führe.

Die Wehrverbände hingegen standen im Widerspruch zu den Bestimmungen des Versailler Vertrages und sind in den Berichten der Interalliierten Militär-Kontrollkommission immer wieder angemahnt worden. Man scheute sich jedoch, gesetzliche Maßnahmen zu deren Auflösung einzuführen, weil damit das amtliche Eingeständnis verbunden gewesen wäre, dass in Deutschland Verletzungen des Versailler Vertrages vorkamen. Zu den Rechtsverbänden, die infolge ihrer Mitgliederstärke und ihrer engen Verbin-

[197] „Die Aufgabe der nationalen Verbände“ – Berliner Börsen-Zeitung vom 19. Oktober 1925.
[198] Ebenda.
[199] Ebenda.

dung zu den Schichten, aus denen sich die Angehörigen der Reichswehr vornehmlich rekrutierten, für die Reichswehr besonders interessant waren, zählten der „Stahlhelm", der „Jungdeutsche Orden" und der „Wehrwolf". Zwar durften Reichswehrangehörige gemäß §36 des Wehrgesetzes keinem politischen Verein angehören. Auch war die Geschäftigkeit der nationalen Verbände aus politischen und rein militärischen Erwägungen der Reichswehrführung ein Dorn im Auge. Dennoch hat die Reichswehr niemals die Verbindung zu den nationalen Verbänden ganz aufgegeben und gerade auf örtlicher Ebene die Zusammenarbeit mit diesen doch geduldet.[200]

In zwei inhaltlich zusammenhängenden Leitartikeln in der Berliner Börsen-Zeitung vom Januar bzw. Februar 1924 setzte sich Joachim von Stülpnagel intensiver mit dem Ziel und den Aufgaben nationaler Jugenderziehung auseinander.[201] Zwar glaubte Stülpnagel, dass sich in weiten Schichten „eine frühreife, jede Unterordnung ablehnende, irreligiöse und sittlich verwahrloste Jugend" breit machte, gleichzeitig sah Stülpnagel aber auch ein Drängen „unserer besten Jugend nach einer großen nationalen Idee."[202] Diese Strömungen wollte Stülpnagel aufgreifen und für die Erlangung nationaler Ziele nutzen. So forderte er deshalb auch als Ziel der Jugenderziehung „die Bildung einer nationalen Einheitsfront nach Außen auf dem Boden der Volksgemeinschaft."[203] Den „Rahmen wahrer deutscher Jugenderziehung" sah Stülpnagel gebildet „vom kategorischen Imperativ eines Kant, dem Gedanken Friedrichs des Großen, ‚der erste Diener des Staates zu sein', und im Heldentod deutscher Jünglinge mit dem Liede ‚Deutschland, Deutschland über

[200] Siehe Wohlfeil, Heer und Republik, Seite 221 – 226.
[201] „Das Ziel nationaler Jugenderziehung" – Berliner Börsen-Zeitung vom 26. Januar 1924 und „Aufgaben nationaler Jugenderziehung" – Berliner Börsen-Zeitung vom 5. Februar 1924.
[202] „Das Ziel nationaler Jugenderziehung" – Berliner Börsen-Zeitung vom 26. Januar 1924.
[203] Ebenda.

Alles' auf den Lippen."[204] Besonders beim Heldentod der deutschen Jugend wird deutlich, dass Stülpnagel einem sehr übersteigerten Nationalgefühl anhing, das sich vor allem aus seiner eigenen Biographie und seiner Sozialisation erklären lässt.[205] Stülpnagel macht dabei Anleihen bei einem populären volkstümlichen Nationalismus des Preußen um 1813, der sich wie oben geschildert in der Auseinandersetzung mit der Herrschaft Napoleons nach 1806 allmählich konkretisierte und schließlich auf einen Punkt hin konzentrierte: „Die Nationwerdung des deutschen Volkes unter dem Druck einer Fremdherrschaft, die nicht nur aus ökonomischen und politischen, sondern vor allem aus kulturellen Gründen als bedrohlich [...] empfunden wurde.[206] Genau diese allgemeine Stimmung Preußens zu Beginn des Jahres 1813 überträgt Joachim von Stülpnagel in seinen Überlegungen auf die Situation der Deutschen im Jahr 1924. Dabei übersieht er jedoch, dass sich aus den frühnationalen Gedanken des ausgehenden 18. Jahrhunderts noch keine geschlossene Anschauung gebildet hatte. Denn in der relativ breit entstandenen nationalen Bewegung gab es gleichwohl unterschiedliche Strömungen. Wilhelm von Humboldt, Johann Gottlieb Fichte, Johann Gottfried von Herder, Ernst Moritz Arndt, aber auch Achim von Arnim, Clemens von Brentano und Joseph Görres können hier als Beispiele durchaus unterschiedlicher Ansätze angeführt werden. Friedrich Schleiermacher forderte die bewusste Ausbildung des Nationalcharakters als Voraussetzung für die Wiederbelebung der Freiheit, verfolgte also schon eindeutig einen gesellschaftspolitischen Ansatz. Doch wie 1813 so auch 1924, war es notwendig die sich regende patriotische Stimmung in reale Politik umzusetzen, musste man eine Verbindung zwischen 'Patriotismus'

---

204 „Das Ziel nationaler Jugenderziehung" – Berliner Börsen-Zeitung vom 26. Januar 1924.

205 An anderer Stelle bezeichnet Stülpnagel „das strenge Gebot des Sterbenmüssens für sein Volk als das höchste Ideal menschlicher Zweckbestimmung." – „Wehrgedanke und nationaler Ehrbegriff" – Berliner Börsen-Zeitung vom 17. August 1925.

206 Brandt, Befreiungskriege, Seite 107.

und der noch vorhandenen politischen Macht herstellen, um eine Änderung der politischen Lage auch wirklich herbeizuführen.

Als elementare Aufgaben in der Verfolgung dieses Ziels sah Stülpnagel „die Erziehung zum nationalen Ehrgefühl und die Pflicht zur Stählung von Charakter und Körper für den Staat."[207] Das nationale Ehrgefühl wollte Stülpnagel durch das Verständnis für die Notlage Deutschlands nach dem Ersten Weltkrieg wecken. Hier suchte er den Bezug zur preußischen Geschichte, wenn er schrieb: „Die Geschichte lehrt aber auch, vornehmlich die Preußens, daß ihren Tiefen auch überraschend schnell Höhen folgten und daß der Stolz auf diese Taten uns zu gleichen Leistungen verpflichtet. [...] Männer wie Fichte und Arndt müssen wieder erstehen, die dem jungen Geschlecht die Schäden der Gegenwart vorhalten und ihm ein großes nationales Ziel zeigen, das nur durch die Summe persönlicher Leistungen erreicht werden wird."[208] Hier wird die inhaltliche Anlehnung an die preußischen Reformer wie Fichte und Arndt expressis verbis angesprochen.

Die körperliche Erziehung der Jugend sah Stülpnagel durch das Verbot der Wehrpflicht durch den Versailler Vertrag gefährdet. Er forderte deshalb „eine obligatorische körperliche Ausbildung [...], der alle Deutschen vom Schulbeginn bis etwa zum 25. Lebensjahre unterworfen werden sollten. Der Sinn und die Freude am Sport und am Wandern muß Allgemeingut werden."[209] Die sportlichen Leibesübungen wurden nicht nur von militärischer Seite, sondern auch von Teilen der bürgerlichen Öffentlichkeit als Möglichkeit eines Wehrersatzdienstes angesehen. Darüber hinaus konnten die Vereine und Klubs als Organisationsbasis für die männliche Jugend dienen. Carl Diem verstand die Sportbewegung als eine freiwillige

[207] „Aufgaben nationaler Jugenderziehung" – Berliner Börsen-Zeitung vom 5. Februar 1924.
[208] Ebenda.
[209] Ebenda.

Kerntruppe, die durch keinen Friedensvertrag verboten sei. Nebenbei konnte der Sport, wie Stülpnagel schrieb, der orientierungslosen Jugend ein Ersatzbetätigungsfeld anbieten und mit den sportlichen Erfolgen auch Identifizierungsmöglichkeiten mit den Sporthelden schaffen.[210] Eine solche wehrsportliche Erziehung auf der Grundlage des nationalen Gedankens sollte die deutsche Volksgemeinschaft stärken helfen. Der Begriff „Wehrsport" umfasste im Allgemeinen eine waffenlose militärische Grundausbildung in Orientierungsübungen, Hindernis- und Geländelauf, Gepäckmarsch, Karten- und Geländekunde mit praktischen Übungen in so genannten Geländespielen. Im August 1925 griff Stülpnagel diese Ideen nochmals in einem Zeitungsartikel auf, als er schrieb: „Keine Macht der Welt kann uns hindern, durch Gesetzeszwang unsere Jugend im Sport an Stelle der allgemeinen Wehrpflicht körperlich zu stählen; keine Macht der Welt darf uns davon abhalten, als das oberste Gesetz nationaler Erziehung zu erklären 'Deutschland muß leben, auch wenn wir sterben müssen!'"[211] Dadurch sollte der Geist der Wehrkraft und nationalen Ehre unter staatlicher Führung wieder erweckt und gefördert werden, um für spätere Zukunft gerüstet zu sein.

Die Rolle, die Stülpnagel dem Sport und der körperlichen Ertüchtigung in der nationalen Erziehung zuwies, wurde schon im Preußen des 18. und frühen 19. Jahrhunderts vorbereitet. Reformpädagogen wie Basedow, Vieth und Guts Muths wollten mit der körperlichen Erziehung der Männer immer auch Einfluss auf die charakterliche Erziehung zum Krieger ihres Landes nehmen. Guts Muths wollte mit seiner „Gymnastik für die Jugend" und der „Turnkunst für die Söhne des Vaterlands" neben der körperlichen

---

[210] In diesem Zusammenhang etwa ist auch die außenpolitische Dimension von internationalen Wettkämpfen zu sehen, wenn schon 1920 erste Spiele einer deutschen Fußball-Nationalmannschaft arrangiert wurden.

[211] „Wehrgedanke und nationaler Ehrbegriff" - Berliner Börsen-Zeitung vom 17. August 1925.

Ausbildung auch einen „Sinn für Ehre, Freiheit und Unabhängigkeit“[212] vermitteln. Friedrich Ludwig Jahn forderte eine lebenslange körperlich-militärische Erziehung, um „ein ganzes Volk mannlich [sic!] und vaterländisch und seine Kraft fühlend“[213] zu schaffen. Diese Prinzipien wurden von Ernst Moritz Arndt und dem Freiherrn vom Stein aufgegriffen, wenn Arndt 1813 schrieb „Wir müssen die Bürger zu Kriegern erziehen. Der Bürger muss ein Mann seyn, er muss es innerlich und äußerlich empfinden.“ Diese Empfindung sollte durch „Leibesübungen und Waffenspiele“ erreicht werden, „die ein männliches und streitbares Geschlecht erwachsen ließen.“[214] Man sieht an diesen Zitaten, dass Stülpnagel auch in der Sprache Anleihen bei den Reformern wie Ernst Moritz Arndt genommen zu haben scheint.[215]

Joachim von Stülpnagel versuchte, wie an den oben zitierten Zeitungsartikeln von 1924 deutlich wird, schon sehr früh, die Notsituation, in die Deutschland nach 1918 geraten war, und die sich in den Anfangsjahren der Weimarer Republik scheinbar nicht besserte, *grundsätzlich* anzugehen. Er wollte nicht nur die äußeren Merkmale, wie die Besetzung des Ruhrgebiets oder die Anwesenheit der IMKK kurzfristig beseitigen, sondern eine breite Volksbewegung initiieren, auf dessen Grundlage sich Deutschland von den Folgen des Weltkrieges langfristig befreien sollte. Den Schlüssel zu dieser Volksbewegung sah Stülpnagel in der Jugend und Jugenderziehung, weshalb er sich schon sehr früh und ausführlich mit diesem Thema auseinander setzte. Die beiden Artikel zeigen, dass Stülpnagel nicht nur kurzfristig auf eine Änderung der politischen Situation

---

212 Frevert, Ute: Das Militär als 'Schule der Männlichkeit'. Erwartungen, Angebote, Erfahrungen im 19. Jahrhundert, Seite 149, in: dies. (Hrsg): Militär und Gesellschaft im 19. und 20. Jahrhundert, Stuttgart 1997, Seite 145 – 173.

213 Ebenda, Seite 151.

214 Ernst Moritz Arndt: „Was bedeutet Landsturm und Landwehr?“, Leipzig 1813, zitiert bei Frevert, Schule der Männlichkeit, Seite 152.

215 In dieser Arbeit ist jedoch nicht der Raum, eingehender Sprache und Denkmuster von Stülpnagel zu analysieren mit denen der preußischen Reformer zu vergleichen.

hinarbeitete, sondern eher langfristig eine solide Grundlage für den Wiederaufstieg Deutschlands schaffen wollte. Mit seinen Vorstellungen von einer Jugenderziehung im nationalen Sinn griff Joachim von Stülpnagel auf Erfahrungen seiner eigenen Erziehung zurück und auf ein sehr spezifisches Vorbild aus der preußischen Geschichte nach Jena und Auerstedt. Daraus erklärt sich die Forderung Stülpnagels nach einer Jugenderziehung, die sich an den Prinzipien „Vaterlandsliebe, Arbeitspflicht, Religion und Autorität“[216] orientiert.

Eine in diesem Sinne wiedererweckte, sich entwickelnde breite nationale Bewegung im Innern musste nach Stülpnagels Auffassung gefördert und gelenkt, sie musste genutzt werden. Ähnlich wie der volkstümliche Nationalismus Anfang des 19. Jahrhunderts sollten politische Führer dieser neuen nationalen Bewegung in der Weimarer Republik zum Durchbruch und zum Erfolg verhelfen. Für Stülpnagel war zunächst die Regierung die natürliche Führerin der nationalen Kräfte. Er stellte sich dabei eine Regierung vor, „die in ihrer Außenpolitik die Würde des souveränen Volkes wahrt und im Innern alle die Kräfte stärkt und führt, die national empfinden.“[217] Seiner Meinung nach müsse die Regierung die Führung der nationalen Bewegung übernehmen, damit sich einerseits „die nationalen Kräfte des Volkes nicht in einem elementaren Ausbruch ihrer Leidenschaften einst mit Gewalt durchsetzen“, andererseits die nationale Bewegung nicht versanden und sich abschwächen würde.[218]

Nach der Wahl Hindenburgs zum Reichspräsidenten schrieb Stülpnagel in einem Artikel vom Mai 1925, dass es „die heilige Pflicht einer über den [parteipolitischen] Verhältnissen stehenden

---

216 „Aufgaben nationaler Jugenderziehung“ – Berliner Börsen-Zeitung vom 5. Februar 1924.

217 „Nationale Disziplin!“ – Berliner Börsen-Zeitung vom 8. Januar 1924.

218 Ebenda.

Regierung" sei, „alle gesunden konservativen, liberalen und sozialen Strömungen in ein uns seit Jahren fehlendes nationales Kraftzentrum zusammenzufassen."[219] Den seit Januar 1925 amtierenden Reichskanzler Hans Luther sah Stülpnagel einig mit Präsident Hindenburg über das große Ziel der Nation. Stülpnagel kam es unter allen Umständen darauf an, dass eine starke Führerschaft erkennbar würde. Deshalb falle nach seiner Auffassung – neben der Regierung als der „natürlichen" Institution staatlicher Führung – vor allem auch starken Einzelpersönlichkeiten eine besondere Aufgabe bei der Führung zu. „Jugend will geführt sein."[220] „Einen Cäsar müssen wir hervorbringen."[221] „Das deutsche Volk will geführt werden."[222] Das sind Vorstellungen von Führerschaft, wie sie ein von Autoritäten und Führung geprägter Offizier wie Joachim von Stülpnagel verinnerlicht hatte. „Der Deutsche wird dankbar sein, wenn ihm ein fester Wille sagt, was er zu tun hat."[223] Deutlicher formulierte Stülpnagel diese Führungsrolle in dem oben erwähnten Zeitungsartikel zu den Aufgaben nationaler Jugendbewegung. Demnach sollte die Charaktererziehung den Einzelnen, die Persönlichkeit herausbilden helfen. Ein Gräuel war ihm der „Wahnsinn der Massenbedeutung"[224], denn seiner Meinung nach dürfe man sich nicht darüber täuschen, „daß nur starke Einzelpersönlichkeiten das Schicksal unseres Volkes meistern können."[225]

Die Wahl Hindenburgs zum Reichspräsidenten am 26. April 1925 setzt Stülpnagel einer Schicksalswende für die nationale

---

219 „Schicksalswende!" – Berliner Börsen-Zeitung vom 11. Mai 1925.

220 „Aufgaben nationaler Jugenderziehung" – Berliner Börsen-Zeitung vom 5. Februar 1924.

221 Ebenda.

222 „Starke Führer tun uns not!" – Berliner Börsen-Zeitung vom 24. April 1924.

223 Ebenda.

224 „Aufgaben nationaler Jugenderziehung" – Berliner Börsen-Zeitung vom 5. Februar 1924.

225 Ebenda.

Entwicklung Deutschlands gleich.[226] Für Stülpnagel kam mit dem von ihm hoch verehrten Feldmarschall „der Träger der Idee der Nation, die aus eigener Kraft leben will, er kommt als der Typus des Pflichtbewußten, dem Allgemeinen dienenden deutschen Mannes und altpreußischen Offiziers, wie ihn unsere Geschichte in der Gestalt des alten Kaisers kennt."[227] Nach Stülpnagels Einschätzung habe sich bei der Wahl Hindenburgs die gesunde Volkskraft durchgerungen. Denn die gesunde Volkskraft ließe sich auf die Dauer nicht durch Worte und Versprechungen fesseln. Mit der Wahl Hindenburgs sei das Fanal aufgerichtet und sein weit hin leuchtendes Zeichen müsse alle die Deutschen zur Zusammenarbeit aufrufen, die guten Willens seien. Mit der Einschätzung „Wir werden das Schicksal wenden, wenn wir die Größe des Augenblicks verstehen und danach handeln."[228] schloss Stülpnagel seinen Artikel zur Wahl Hindenburgs.

Stülpnagels hier belegtes personalisiertes Geschichtsverständnis wird auch schon in einem früheren Zeitungsartikel deutlich: „Der Schrei nach dem Führer in dem heutigen Deutschland ist der schlagende Beweis für die ewige Wahrheit, daß nur Männer die Geschichte machen."[229] So wollte Stülpnagel auch als Aufgabe des schulischen Geschichtsunterrichts vorgeben, dass „die Persönlichkeit des großen Mannes in ihrer Bedeutung für seine Zeit als das zu erreichende Ideal für eine begeisterungsfähige Jugend hingestellt wird."[230] Stülpnagel hat bei der „Persönlichkeit des großen Mannes" auch konkrete Beispiele vor Augen, wie er in einem früheren Zeitungsartikel wiederum in Anlehnung an die preußische Geschichte schrieb: „Der Vergleich der jetzigen Lage Deutschlands mit

---

[226] So lautet auch die Überschrift eines Artikels Stülpnagels: „Schicksalswende" – Berliner Börsen-Zeitung vom 11. Mai 1925.

[227] Ebenda.

[228] Ebenda.

[229] Ebenda.

[230] Ebenda.

der von Preußen 1806/07 gibt besonders in der Persönlichkeitsfrage viel zu denken. Welche staatsmännischen und geistigen Begabungen zeigen sich in Stein, Hardenberg, Schön, Humboldt, Fichte und vielen anderen neben den großen militärischen Führern! Für sie alle handelte es sich um die Zusammenfassung der nationalen Kräfte zur Wiederaufrichtung des zerrütteten Staates."[231] Beispielhaft hat Stülpnagel die Forderung nach starken Führern schon im April 1924 erhoben. Er sah das Mittel für Deutschlands Wiederaufstieg, „wenn sich auf dem Boden gesunden Volksempfindens starke Männer finden, die mit hartem Willen und heiligem Ernst unser Volk der Freiheit nach Innen und Außen entgegen führen."[232]

Bemerkenswert an diesen Artikeln ist die Tatsache, dass der Reichswehroffizier Joachim von Stülpnagel seinen Blick nicht ausschließlich auf die äußeren Verhältnisse Deutschlands richtete. Er konzentrierte sich nicht nur auf sein eigentliches, militärisches Berufs- und Aufgabenfeld, das der äußeren Sicherheit oder der außenpolitischen Situation Deutschlands nach dem verlorenen Krieg. Er erkannte den Zusammenhang und die Abhängigkeiten zwischen den inneren und den äußeren Verhältnissen Deutschlands und zielte mit seinen Bemühungen auch in beide Richtungen. Bemerkenswert ist weiter, dass Stülpnagel in der Gesundung der inneren Verhältnisse die Voraussetzung für die Stärke Deutschlands nach Außen sieht. Deshalb befasste er sich in vielen Zeitungsartikeln in erster Linie mit dem inneren Zustand Deutschlands und seiner Bevölkerung. Die Berliner Börsen-Zeitung war ihm dabei das Medium, mit dem er als Offizier der Reichswehr unter Nutzung eines Pseudonyms auf die Meinungsbildung der Bevölkerung im Hinblick auf die inneren Zustände Deutschlands Einfluss nehmen und eine nationale Erziehung fordern konnte. „Alles Arbeiten,

---

231 „Nicht Massenwahn, sondern Einzelpersönlichkeit" – Berliner Börsen-Zeitung vom 28. Oktober 1924.

232 „Starke Führer tun uns not!" - Berliner Börsen-Zeitung vom 24. April 1924.

Denken und Dichten muß in den Dienst der Befreiung des Vaterlandes treten. Wie unsere Vorfahren nach den Unglücksjahren von 1806/07 in der Nationalerziehung, wie Fichte sie predigte, die Kräfte der Verjüngung und Selbsterneuerung fanden, so müssen auch wir empfänglich werden für den frischen Zug neuer Ideen und neuer Notwendigkeiten staatlichen Daseins auf dem Boden gesunder Tradition."[233] Stülpnagel wollte, dass die Deutschen 1924 den gleichen Weg gehen wie Preußen nach 1806/07 und er fand in Fichte sein geistiges Vorbild.

4.4 Die Stülpnagel-Denkschrift als Hinweis auf den Wandel in der Haltung der Reichswehrführung zur Politik der Weimarer Republik

Joachim von Stülpnagel wollte sich mit seiner Konzeption einer Wehrhaftmachung des Volkes von den bisherigen Formen der Kriegführung bewusst lösen und „das Neue"[234] durchdenken. So formulierte er am 18. März 1924 in einem Schreiben des Truppenamtes: „Es geht heute durch die nachdenkende militärische Jugend ein dumpfes Ahnen, daß wir den Krieg der nächsten Zukunft bewußt anders werden führen müssen, wie die theoretische Lehre dies bisher befiehlt."[235] Er setzte sich damit in Gegensatz zum Chef der Heeresleitung, General von Seeckt, und dessen Konzeption der Kriegführung. Wilhelm Deist ist der Meinung, dass in Stülpnagels

---

233 „Der Glaube an Deutschlands Zukunft" - Berliner Börsen-Zeitung vom 2. August 1924.
234 Geyer, Aufrüstung, Seite 89.
235 Reichswehrministerium, Heeresabteilung, Nr. 270/24, T1 vom 18.3.1924, BA/MA, Depot Stülpnagel N 5/20.

Überlegungen „Faktoren berücksichtigt wurden, die weit über den „Waffenkrieg" Seecktscher Prägung hinausgingen."[236]

4.4.1 Von Seeckts Konzeption der Kriegführung

Von Seeckts Konzeption der Kriegführung ging von ganz anderen Voraussetzungen aus, als denen, die dem Stülpnagelschen Konzept zugrunde lagen. Von Seeckt dachte in den alten Machtstrukturen des internationalen Systems, die noch vor dem Ersten Weltkrieg wirksam waren. Für von Seeckt kam es deshalb auf das Schaffen eines großen professionellen Heeres an, mit dem, als alleinigem Träger der Gewalt, große Kriege im Sinne Schlieffens geführt werden konnten. Eine quantitativ zwar kleine, qualitativ – personell und materiell – jedoch hoch stehende Armee konnte nach von Seeckts Vorstellung mit großer Beweglichkeit und weit ausholenden Angriffsoperationen schnell und Entscheidung suchend Krieg führen. Dadurch versuchte er als Lehre aus dem Ersten Weltkrieg einen Stellungskrieg von Massenheeren vermeiden zu können. 'Kriegskunst', wie von Seeckt sie verstand, bedeutete wieder die klassische Vernichtung des feindlichen Heeres, nicht Zerstörung und Besetzung eines Landes.

In der Denkschrift „Deutschland und Rußland" stellte von Seeckt schon 1920 fest, dass „nur im festen Anschluß an ein Groß-Rußland, [...] Deutschland die Aussicht auf die Wiedergewinnung seiner Weltmachtstellung"[237] hat. Mit der wirtschaftlichen und militärischen Stärkung Sowjetrusslands würde Deutschland einen mächtigen Bündnispartner gewinnen, mit dem „der machtpolitische

---

236 Deist, Wilhelm: Auf dem Wege zur ideologisierten Kriegführung: Deutschland 1918 – 1945, in: ders.: Militär, Staat und Gesellschaft. Studien zur preußisch-deutschen Militärgeschichte, München 1991, Seite 397f.

237 Zitiert bei Geyer, Aufrüstung, Seite 35. – Unter diesem Aspekt sind auch die militärischen und rüstungswirtschaftlichen Verbindungen zu Russland einzuordnen, die von Seeckt in den Jahren 1920 bis 1923 immer wieder vorantrieb.

Hieb durch den gordischen Knoten der europäischen Nachkriegsordnung [...] langfristig vorbereitet"[238] werden konnte. Mommsen spricht von einer grotesken Verkennung der außenpolitischen Möglichkeiten, wenn er General von Seeckt zitiert: „Wir müssen Macht bekommen, und sobald wir Macht haben, holen wir uns selbstverständlich wieder, was wir verloren haben."[239] Dieser machtpolitische Kurs der Reichswehr mit geheimer Rüstung in Deutschland, Verlagerung der Rüstung nach Russland und bewussten Verstößen gegen die Bestimmungen des Versailler Vertrages, wie er durch von Seeckt verfolgt wurde, führte aber im Januar 1923 mit dem Ruhreinmarsch belgischer und französischer Truppen in eine militärische und politische Sackgasse.

Die innenpolitischen Krisen des Jahres 1923[240] brachten General von Seeckt zwar in den Besitz der vollziehenden Gewalt, jedoch stand diese Gewalt auf wackeligen Beinen. Von Seeckt wandelte in diesen Monaten mit einem möglichen Einsatz der Reichswehr zwischen Bürgerkrieg, Intervention und dem Zusammenbruch der Reichseinheit auf einem schmalen Grat. Deshalb wurde während des Ausnahmezustandes nicht mit den Mitteln einer Militärdiktatur regiert, wenn von Seeckt auch von einigen Seiten dazu gedrängt wurde.

Der eher wirtschaftspolitisch orientierte Kurs des neuen Außenministers Stresemann und die weitere innenpolitische Entwicklung schränkten den Spielraum der Reichswehr Anfang 1924 allmählich wieder ein. Deshalb bemühten sich führende Vertreter der Reichswehr seit Anfang 1924 zu einer Normalisierung der politischen Verhältnisse zu gelangen und einen anderen Weg, als

---

238 Geyer, Aufrüstung, Seite 35.

239 Mommsen, Aufstieg, Seite 252.

240 Unruhen im Rheinland, Buchruckerputsch, Reichsexekution in Sachsen und Thüringen, der Hitlerputsch im November sowie allgemein die kommunistisch geprägten Pläne und Unruhen des Jahres 1923.

den bisher gewählten, zu verfolgen. In dieser Phase, in der über die weitere Vorgehensweise der Reichswehr nachgedacht wurde, entwickelte Joachim von Stülpnagel die Denkschrift „Gedanken über den Krieg der Zukunft".

Während von Seeckt also noch dem Gedanken an einen traditionellen Bündniskrieg an der Seite Russlands anhing, zog Joachim von Stülpnagel deutlich andere Konsequenzen. Während von Seeckt für seine Konzeption an ein ständig einsatzbereites und einsatzfähiges Berufsheer dachte und dazu mit einer starken Staatsmacht die politischen und militärischen Voraussetzungen schaffen wollte, bot Stülpnagel als Alternative die gewaltsame Auseinandersetzung der gesamten deutschen Bevölkerung mit Frankreich an, um Deutschland wieder zu seiner alten Vormachtstellung in Europa zu verhelfen. Weil dies mit dem bisherigen Heer aus den Resten des Ersten Weltkrieges nicht zu erreichen war, propagierte Joachim von Stülpnagel den Befreiungskampf durch eine Volkserhebung, die durch eine langfristige Umgestaltung der Gesellschaft erreicht werden sollte. Kritisch muss hier jedoch angemerkt werden, dass Stülpnagels Kriegführungskonzept „nicht das Niveau eines strategischen Kalküls" erreicht, weil es dabei nicht „um die Zielbestimmung des unausweichlich zu führenden Krieges geht. Es geht nicht um die Erreichung begrenzter politischer und militärischer Ziele, es geht um alles oder nichts, um Sieg oder Niederlage."[241]

Man kann an dieser radikal-nationalistischen Militärkonzeption den Generationenwechsel in der Reichswehr erkennen, der von Seeckt auf der einen, Schleicher und Stülpnagel auf der anderen Seite zeigte.

[241] Deist, Kriegführung, Seite 399.

4.4.2 Öffnung der Reichswehr gegenüber den Institutionen der Weimarer Republik

Beim Verfolgen des neuen innen- und außenpolitischen Kurses der Reichswehr nach 1924 waren die Reichswehrvertreter zur Öffnung gegenüber den Institutionen der Weimarer Republik und sogar zur teilweisen Zusammenarbeit gezwungen.

Die gesamte deutsche Militärpolitik war nach dem Ersten Weltkrieg angelegt auf Revision, auf die Befreiung vom Versailler Vertrag und darüber hinaus auf die Befreiung von der bestehenden Mächteordnung in Europa. Was diesem Anliegen auf deutsche Seite im Wege stand, waren vor allem die Kontrolle durch die Interalliierte Militär-Kontrollkommission (IMKK) sowie die Besetzung von Rheinland und Ruhrgebiet. Von Seeckts Versuch zu einer revisionistischen Gesamtpolitik zu gelangen, indem er aus der Substanz des Ersten Weltkrieges heraus, und am Versailler Vertrag vorbei, ein militärisches Machtmittel schaffen wollte, scheiterten 1923 offenkundig. Die interalliierte Kontrolle und die Besetzung deutschen Territoriums ließen sich nur auf politischem Wege beseitigen. Deshalb suchten die Reichswehrvertreter mit Schleicher und Joachim von Stülpnagel andere Wege zur Erreichung ihrer Ziele.

Für die Reichswehr stellte sich 1923/24 die Frage, ob sie eine Revision über die vorhandenen internationalen Organe und Abhängigkeitsverhältnisse verfolgen und sich damit auf den Kurs Stresemanns einstellen, oder ob weiterhin eine nationalistische Machtpolitik im Sinne von Seeckts verfolgt werden sollte.

In den Jahren nach 1924 stieß die militärische Revisionspolitik auf ein sich veränderndes europäisches und internationales System, deren Ordnung und Struktur erst noch festzulegen waren. Nach Michael Geyer wurde der Versuch unternommen, „unter Wahrung nationaler Interessen die gesamte Sicherheitsfrage von einer bilateralen auf eine multilaterale Ebene zu heben."[242] Darunter zählt Geyer die Auseinandersetzung um die Völkerbund-Kontrolle, die Gaskonvention, das Genfer Protokoll und auch die Allgemeine Abrüstungskonferenz. Auch die Finanz- und Wirtschaftsfragen wurden zunehmend international behandelt und schufen neue Abhängigkeitsverhältnisse.

Aus dem Briefwechsel Stülpnagels mit Fritsch[243] und anderen Offizieren[244] in den Jahren 1924/25 wird deutlich, dass die Vertreter des Truppenamtes sich auf die internationalen Organe und die neuen Abhängigkeitsverhältnisse einlassen wollten: „Voraussetzung für unsere Wehrhaftmachung [ist] das Verschwinden der Feindkontrolle und genügend Geld."[245] Beides war jedoch nur offiziell über die Regierung erreichbar. Also war die Führung der Reichswehr bereit, „den Anspruch auf eine offene, militaristische Gewalt- und Demonstrationspolitik und die selbstgewählte Autonomie der Reichswehr"[246] aufzugeben und eine neue Politik zu betreiben. Ein „Befreiungskrieg" war überhaupt nur durch die intensive Koopera-

---

242 Geyer, Aufrüstung, Seite 57.

243 Werner Freiherr von Fritsch (1880 – 1939) und Stülpnagel kannten sich schon seit ihrer gemeinsamen Zeit vor dem Ersten Weltkrieg in Darmstadt und waren sich in ihren Grundüberzeugungen einig. Diese Männerfreundschaft hielt auch über die sog. Blomberg-Fritsch-Krise hinweg. Vgl. Stülpnagel, 75 Jahre, Seite 337 ff. – Michael Salewski schreibt im Zusammenhang mit den Beschuldigungen Fritschs, „tatsächlich haben Halder, Oster, von Stülpnagel, Rundstedt und andere schon frühzeitig einen kollektiven Schritt der höheren Generalität gefordert, [...]" – Salewski, Michael: Die bewaffnete Macht im Dritten Reich 1933 – 1939, in: Deutsche Militärgeschichte in sechs Bänden 1648 – 1939, begründet von Hans Meier-Welcker, hrsg. vom Militärgeschichtlichen Forschungsamt, Band 4, Abschnitt VII (Wehrmacht und Nationalsozialismus 1933 – 1939), München 1983, Seite 202. – Doch 1938 war Stülpnagel bereits seit sieben Jahren außer Dienst und konnte somit keinen direkten Einfluss für seinen Freund ausüben.

244 So mit Oberstleutnant Erfurth und Major Hermann Geyer, die Stülpnagel im Laufe seiner militärischen Dienstzeit kennen gelernt hatte und mit denen er schriftlich, oftmals auch sehr kritisch, in Verbindung stand.

245 Stülpnagel am 28. Januar 1925 in einem Brief an Erfurth, BA/MA, Depot Stülpnagel N 5/20.

246 Geyer, Aufrüstung, Seite 61.

tion mit den zivilen Funktionsträgern der Weimarer Politik zu führen. Der strategischen Erkenntnis, dass ein künftiger totaler Krieg nicht gegen das politische System und nicht ohne die Zustimmung breiter Teile der Bevölkerung denkbar war, folgte eine „Neuorientierung, in der die Reichswehr nicht mehr einen „Staat im Staat", sondern Teil eines etatistisch-autoritären Potentials und in hohem Maße Werkzeug des Reichspräsidenten darstellte."[247] Hans Mommsen erkennt in diesem Kurswechsel keine grundsätzliche „Änderung in der ausgeprägt antiparlamentarischen Haltung des Militärs"[248], sondern lediglich einen konzeptionellen Wandel in der Vorgehensweise der Reichswehr.

Stülpnagel war sich bewusst, dass die Reichswehr weiterhin Einfluss auf die Politik ausüben muss, dass das aber nur gelingen konnte, wenn auch Regierungen zustande kamen, die die Berücksichtigung der militärischen Interessen der Reichswehr garantierten. „Wir können uns erst totstellen, wenn wir wissen, daß die Regierung die Wehrkraft unseres Volkes vorbereiten will. Man kann sich sehr gut in der Armee totstellen, wenn man unter der Hand arbeitet durch Geld, Sport pp. Solange man aber nur abbaut, ohne die Gewähr zu haben, daß auf andere Weise das gleiche Ziel erstrebt wird, besteht die Gefahr im Zeitalter des offiziellen Pazifismus, daß der wehrhafte Wille ganz verloren geht."[249]

Für Michael Geyer beginnt damit die eigentliche Phase der Einflussnahme der Reichswehr auf die Innen- und Außenpolitik.[250] Dieser neue Kurs der Reichswehr wurde von Stülpnagel bewusst eingeschlagen und verfolgt. Es blieb nach Stülpnagels Ansicht nichts anderes übrig, als die Militärkontrolle politisch zu beseitigen, um dann militärisch besser rüsten zu können. „Hierzu brauchte man

---

247 Mommsen, Aufstieg, Seite 254.

248 Ebenda.

249 Brief Stülpnagels an Geyer vom 12. Juli 1925 – BA/MA Depot Stülpnagel N 5/20.

250 Geyer, Aufrüstung, Seite 61.

aber Stresemann, dessen außenpolitische Erfolge nun wesentliche Voraussetzungen jeglicher langfristig geplanter Rüstungspolitik werden."[251]

Geyer sieht in dem Stresemannschen „Ansatz zu einer regionalen Machtpolitik in einem globalen Rahmen der Abhängigkeiten"[252] eine außerordentliche Wirksamkeit. Weiter: „Der Rüstungspolitik kam in diesem Zusammenhang eine fundamentale langfristige Bedeutung zu. Waren erst die wirtschaftlichen Gewichte auf regionaler Ebene verschoben und ein begrenztes militärisches Potential aufgebaut, was wiederum eine stabile Wirtschaftsordnung und Prosperität voraussetzte, dann konnte die Idee Stülpnagels von einem "Befreiungs"-Krieg in die Tat umgesetzt werden."[253] Für Wilhelm Deist ist die Stülpnagel-Denkschrift deshalb „ein erster, folgenreicher Reflex auf die veränderte Natur des Krieges."[254]

4.4.3 Bedeutung der Stülpnagel-Denkschrift für die Reichswehr

Inwieweit die Gedanken Stülpnagels für die Politik der Reichswehrführung von Bedeutung waren und sich in konkretem Handeln nachweisen lassen, soll im Folgenden näher beschrieben werden. Man darf dabei aber nicht vergessen, dass es „die Reichswehr" als geschlossene Institution mit einheitlichen Auffassungen nicht gab. Man konnte eine vielschichtige Organisation wie die Reichswehr nicht einfach auf einen neuen Kurs umschwenken. Neben den unterschiedlichen Offiziergruppen in der gesamten Reichswehr[255]

---

[251] Geyer, Aufrüstung, Seite 62.

[252] Ebenda, Seite 71.

[253] Ebenda.

[254] Deist, Kriegführung, Seite 397.

[255] Jacobsen, Hans-Adolf: Militär, Staat und Gesellschaft in der Weimarer Republik; in: Bracher, Karl Dietrich, Manfred Funke, Hans-Adolf Jacobsen: Die Weimarer Republik 1918 – 1933. Politik – Wirtschaft – Gesellschaft, Düsseldorf 1988, Seite 346 f. unterscheidet drei Richtungen im Offizierkorps der Reichswehr: „Die der Restauration zur

gab es gerade in der Reichswehrführung Auseinandersetzungen über den zu verfolgenden Kurs. Auf die Unterschiede zwischen den Meinungen von Seeckts und den führenden Offizieren im Truppenamt wie Stülpnagel und Schleicher wurde bereits hingewiesen. Geyer schreibt, dass dieser neue Stil in der Reichswehr „immer weniger von den Offizieren um Seeckt, sondern von den Obristen und Oberstleutnanten im Truppenamt geprägt wurde“[256]. Dabei gehörte Stülpnagel zu den außenpolitischen Realisten, die im Gegensatz zum Chef der Heeresleitung, von Seeckt, standen.

Stülpnagel fühlte sich verantwortlich für die Weiterentwicklung der Reichswehr und das Schaffen von Voraussetzungen für die Wehrhaftmachung des Volkes. Er hielt zu diesem Thema Vorträge auch außerhalb der Reichswehr und versuchte so direkt Einfluss zu nehmen: „Bussche und ich haben gedrängt und gearbeitet, den Rahmen für den Zukunftskrieg zu schaffen, aber durchsetzen konnten wir uns praktisch nur innerhalb unserer Abteilungen. Den anderen wurden wir unbequem.“[257] Hans-Adolf Jacobsen schreibt, dass „politische Ambitionen und deren Umsetzung im gesamtgesellschaftlichen Raum keineswegs immer ein und dasselbe“[258] waren. Dass Stülpnagel sich mit seinen Gedanken nicht vollständig durchgesetzt hat, das gab er selbst zu: „Ich habe dies [dass sich seine Gedanken über einen Zukunftskrieg nicht in einem größeren Kreise

---

Wiederherstellung des Status quo ante, die der Nationalrevolution mit dem Leitbild des „politischen Soldaten“ und die des „Attentismus“. [...] Abweichend von der allgemeinen „Norm“ sind dezidierte Einstellungen, Pläne und Handlungsweisen von Stabsoffizieren, insbesondere im Truppen- und Waffenamt, einzuschätzen, die u.a. als „Clique“ oder „Fraktionen“ innerhalb der militärischen Führung apostrophiert worden sind.“ – Zu diesen letztgenannten ist Joachim von Stülpnagel zu rechnen.

256 Geyer, Aufrüstung, Seite 65. – Diese Gruppe meint wohl auch Deist, Kriegführung, Seite 402, wenn er „von Offizieren um Stülpnagel, die sogenannte „Fronde“ [spricht], „die für eine gezielte engere Zusammenarbeit mit den zivilen Institutionen der Republik“ plädierten.

257 Stülpnagel am 16. April 1925 in einem Brief an Geyer, BA/MA, Depot Stülpnagel N 5/20.

258 Jacobsen, Staat und Gesellschaft, Seite 347.

durchgesetzt haben] jahrelang bedauert und habe jetzt keinen größeren militärischen Wunsch, als daß Ihre [Rabenaus] Arbeit das erreicht, was ich vergebens erstrebt habe: die Aufstellung einer modernen Lehre des Krieges, die die Kriegserfahrungen richtig deckt, von unserer tatsächlichen Lage ausgeht und von einer verständigen Phantasie durchgeistigt ist."[259] Dennoch hat er die Diskussion innerhalb der Reichswehrführung entscheidend beeinflusst.

Über die konkrete Bedeutung der Denkschrift vom Februar 1924 für die Reichswehr kann man Aussagen nur treffen, wenn man versucht, unmittelbare Auswirkungen dieses Kurses im Handeln der Reichswehrführung nachzuweisen. Während Michael Geyer der Denkschrift eine zentrale Bedeutung für den Wechsel in der innen- und außenpolitischen Vorgehensweise der Reichswehrführung zuschreibt, bleibt sie für Jacobsen nur ein „Schubladenentwurf", der nicht als offizielle Doktrin der Reichswehrführung interpretiert werden dürfe.[260] Carsten erwähnt den Vortrag zwar, nimmt allerdings keine Bewertung der Denkschrift vor.[261]

Dass die Denkschrift mehr gewesen sein muss als 'ein Schubladenentwurf', zeigt sich an der Tatsache, dass schon im Mai 1924 im Ministerium ein Kriegsspiel durchgeführt wurde, bei dem es um Volkskrieg, Grenzschutz, zivilen Ungehorsam und Guerillakrieg in einem Zukunftskrieg ging, und nicht mehr wie in vorangegangenen Kriegsspielen um die operative Führung eines großen Idealheeres. Auch die Führerreise unter von Seeckt im Jahre 1924 zur Weiterbildung der Generalität und zur Diskussion von taktisch-operativen

---

[259] Brief Stülpnagels an Rabenau vom 14. Mai 1926, BA/MA, Depot Stülpnagel N 5/21. (Unterstreichungen im Original)

[260] Jacobsen, Staat und Gesellschaft, Seite 354. – Jacobsen führt für seine Bewertung der Denkschrift auch den Brief Stülpnagels an Geyer vom April 1925 an, in dem dieser beschreibt, dass sich die Offiziere im Ministerium mit ihren Auffassungen des Zukunftskrieges praktisch nur in ihren eigenen Abteilungen durchsetzen konnten.

[261] Carsten, Reichswehr und Politik, Seite 219 f.

Ideen war von diesen Gedanken geleitet.[262] Ein weiterer Vortrag Stülpnagels über die „Wechselbeziehungen zwischen Land-, See- und Luftkriegsführung. Ein Beitrag zum Problem des Zukunftskrieges“[263], stieß auf viel Resonanz innerhalb und außerhalb des Ministeriums. Bei seinen Vorgesetzten fand er damit weniger Unterstützung. Stülpnagel wörtlich: „Seeckt paßte mein stürmisches Drängen nicht.“[264]

Man kann also resümieren, dass Stülpnagel mit seinen Arbeiten auf dem Gebiet des Volkskrieges Richtungweisendes für die Diskussion in der Reichswehrführung geleistet hat. Genau dies war auch das erklärte Ziel: „Wir müssen durch Gedankenaustausch allmählich eine Einheitlichkeit der Anschauungen erzielen und das Resultat in all unserem Wirken theoretisch und praktisch zur Geltung bringen.“[265] W. Deist bescheinigt Stülpnagel, dass er „einer derjenigen Offiziere gewesen [sei], die der Kooperation [mit den zivilen Funktionsträgern der Nation] in den folgenden Jahren zum

---

262 Stülpnagel „leitete wieder den Führungsstab und war froh, daß Seeckt mehr als früher meine [Stülpnagels] Gedanken über die Führung eines Zukunftskrieges dem Kriegsspiel zugrunde legte und meine vorbereitete Schlußbesprechung billigte.“ – Stülpnagel, 75 Jahre, Seite 218. – Neben diesem offiziellen Bezug auf die Denkschrift wurden durch die Abteilungsleiter T 1 und T 2, Joachim von Stülpnagel und von dem Bussche, so genannte Arbeitsgemeinschaften im Reichwehrministerium aus Offizieren mittleren Dienstgrades initiiert, die die gedankliche und organisatorische Vorarbeit für den Zukunftskrieg leisten sollten.

263 Vortrag „Wechselbeziehungen zwischen Land-, See- und Luftkriegsführung. Ein Beitrag zum Problem des Zukunftskrieges“ vom 5. März 1925, BA/MA, Depot Stülpnagel N5/11.

264 Stülpnagel, 75 Jahre, Seite 223.

265 Stülpnagel-Denkschrift, Seite 2. Eine ähnliche Vorgehensweise empfahl Stülpnagel auch Rabenau: Man müsse sich „in einer Gedankenrichtung bewegen“ und dürfe „nicht, wie bisher, durch Vielarbeit auf allen Gebieten jeden Spezialisten seinen Weg suchen oder Andere in überholten Theorien einschlafen lassen.“ – Zur praktischen Umsetzung empfahl er weiter, die Zustimmung der anderen Abteilungschefs im Truppenamt einzuholen und dann „muß der Chef T.A. [Truppenamt] beim Chef der H.Ltg. [Heeresleitung] den Befehl erwirken, daß in dieser Richtung gearbeitet werden soll.“ – Brief Stülpnagels an Rabenau vom 14. Mai 1926, BA/MA, Depot Stülpnagel N 5/21.

Durchbruch verholfen"[266] habe. Inwieweit dieses Konzept tatsächlich in eine konkrete Politik der Reichswehrführung umgesetzt wurde, das lässt sich nur schwer abschätzen. Dass Stülpnagel damit aber im Reichswehrministerium zur Auseinandersetzung mit seinen Ideen gezwungen hat, lässt sich am Gewicht seines Dienstpostens und an den persönlichen Folgen für Stülpnagel ablesen.

Denn diese Arbeiten auf operativem und organisatorischem Gebiet führten zu Konflikten in der Reichswehrführung, die von Seeckt schließlich (im Februar 1926) durch eine Versetzung Joachim von Stülpnagels nach Braunschweig löste.[267] Erst nach von Seeckts Entlassung wurde Joachim von Stülpnagel im Februar 1927 wieder ins Reichswehrministerium, diesmal als Chef des Heerespersonalamts, geholt.

Damit ist nachgewiesen, dass die Annäherung der Reichswehr an die Institutionen der Weimarer Republik nicht erst mit der Entlassung des Generals von Seeckt als Chef der Heeresleitung am 6. Oktober 1926 unter dem neuen Chef Wilhelm Heye begann. Die Stülpnagel-Denkschrift von 1924 beschrieb das Ziel und wies den Weg, den die Reichswehr einschlagen musste, wollte sie die Sackgasse, in die sie sich 1923 offenkundig hineinmanövriert hatte, wieder herauskommen. Dieser Weg war nicht der Weg des Generals von Seeckt, sondern der Weg jüngerer Offiziere in verantwortlichen

---

266 Deist, Kriegführung, Seite 399.

267 Diese Erklärung für die Versetzung Stülpnagels nach Braunschweig ist wesentlich plausibler als die Begründung, dass von Seeckt über seine vergebliche Reichspräsidentenkandidatur enttäuscht war und deshalb Stülpnagel „strafversetzt" habe, wie Carsten, Reichswehr und Politik, Seite 225, dies tut. Carsten folgt darin der Argumentation von Rabenau, Seeckt, Seite 413. – Meier-Welcker, Seeckt, Seite 466, bezeichnet eine solche Kandidatur Seeckts als unglaubhaft. – Erfurth, Generalstab, Seite 105, weist darauf hin, dass Stülpnagel zu einer „Art Fronde gegen Seeckt" gehört hätte, die die Entlassung von Seeckts planmäßig herbeigeführt und gegen die sich von Seeckt mit Stülpnagels Versetzung gewehrt habe. Meier-Welcker schreibt in seiner Seeckt-Biographie: „Die Bezeichnung „Fronde" ist hier sicher eine starke Übertreibung, aber der innere Widerspruch wichtiger Mitarbeiter Seeckts gehörte zu der Situation der letzten Amtsjahre Seeckts." – Meier-Welcker, Seeckt, Seite 518 f.

Positionen im Truppenamt, zu denen auch Joachim von Stülpnagel gehörte.

5 Joachim von Stülpnagel in den Jahren nach 1924

Der im vorigen Kapitel beschriebene „Generationenkonflikt" zwischen den älteren Vertretern der Reichswehr mit von Seeckt an der Spitze und den jüngeren, nach vorn drängenden Offizieren um Stülpnagel und Schleicher begann sich schon im Laufe des Jahres 1923 zu entwickeln. Die auf Tagebuchaufzeichnungen sich stützenden Erinnerungen Joachim von Stülpnagels vermerken immer wieder die Forderung Stülpnagels und Schleichers an von Seeckt, endlich aktiver in das politische Geschehen der Weimarer Republik einzugreifen. Dabei ging es einmal um den Einsatz von Reichswehrtruppen im Inneren[268] oder um die Ausübung der vollziehenden Gewalt durch von Seeckt unter Abstützung auf die Reichswehr. Stülpnagel erkannte in dieser Zeit eine zunehmende Abkühlung im Verhältnis zu General von Seeckt, und er führte dies auf das Drängen der "Jüngeren" zurück: „Für mich persönlich hatte mein Handeln in dieser Zeit zur Folge, daß mein überwiegend herzliches Verhältnis zu Seeckt getrübt wurde; mein stetes Drängen war ihm auf die Nerven gefallen und er behandelte mich von nun an meist nur "korrekt"."[269] Neben diesem „Generationenkonflikt" entwickelten sich zwischen den jüngeren Offizieren zunehmend Auffassungsunterschiede. So kam es im Verhältnis zu Schleicher jetzt öfter zu Uneinigkeiten, „weil er [Schleicher] mehr politisch und ich [Stülpnagel] mehr soldatisch dachte."[270] Das Verhältnis zu Schleicher sollte für Stülpnagels weitere militärische Laufbahn noch entscheidend werden.

---

268 In Sachsen brach im Oktober 1923 ein sozialistischer Aufstand aus: „Die Regierung und auch Seeckt zögerten mit dem Einsatz von Truppen, zu dem ich drängte." – Stülpnagel, 75 Jahre, Seite 211.

269 Ebenda, Seite 212.

270 Ebenda, Seite 213.

Diese unterschiedlichen Positionen zwischen führenden Offizieren innerhalb der Reichswehrführung lassen sich bei Joachim von Stülpnagel auf eine Weiterentwicklung seiner Persönlichkeit zurückführen. Dachte und handelte er in den ersten Jahren seiner militärischen Dienstzeit noch ausschließlich „soldatisch", und lernte er in den ersten Reichswehrjahren nach seinem Wechsel ins Ministerium nach eigener Aussage „politisch zu denken", so zeigte sich in den Jahren nach 1924 eine zunehmende Selbständigkeit im politischen Urteil und bei der Durchführung dessen, was er für richtig hielt. Durch die Anerkennung seiner vorzüglichen Arbeit, den Umgang mit vielen hoch stehenden Persönlichkeiten im Zusammenhang mit seiner Arbeit und durch die berechtigte Hoffnung auf weitere einflussreiche Dienststellungen entwickelte sich bei Stülpnagel in diesen Jahren ein Selbstbewusstsein, das bei seinen Vorgesetzten, aber auch bei Schleicher als seinem Mitstreiter im Ministerium, zunehmend auf Ablehnung stieß. Neben seinem Umgang mit einflussreichen Offizieren und Politikern der Weimarer Republik, unterhielt Stülpnagel – er war in diesen Jahren ja „lediglich" Oberstleutnant, zwar an herausgehobener Stelle im Truppenamt, dennoch den Obersten und Generalen im Dienstgrad klar nachgeordnet – persönliche Verbindungen zum Reichspräsidenten von Hindenburg und zum Kaiserhaus,[271] er hatte Einladungen von Industriellen und zu zivilen Gesellschaften und pflegte mit vielfältigen Einladungen und Empfängen selbst ein gesellschaftliches Leben im eigenen Hause.

Bei der Verabschiedung zweier Offiziere aus Stülpnagels Abteilung äußerte er: „Je älter man wird, desto mehr muß man auf Dank verzichten lernen und einen geraden Weg ohne Menschen-

[271] Hindenburg und der Kronprinz wurden die Paten von Stülpnagels einzigem Sohn, der als siebtes Kind der Stülpnagel-Eltern 1925 zur Welt kam. Bereits vorher übernahm die Kronprinzessin die Patenschaft für seine sechste Tochter. – Stülpnagel, 75 Jahre, Seite 227.

furcht gehen."[272] Dieser Satz kann als programmatisch für den Joachim von Stülpnagel dieser Zeit angesehen werden. Die Fronten im Ministerium verhärteten sich zunehmend, so dass sich Stülpnagel im August 1925 mit Rücktrittsgedanken getragen haben muss. Seine Kameraden Fritsch und Schleicher rieten ihm schließlich davon ab. Dennoch stellte Stülpnagel zum Jahresende 1925 fest: „ Politisch ist manches besser geworden, militärisch sind wir stehen geblieben, die wirtschaftliche Lage in Deutschland ist ernst. Meine Zeit in Berlin ist abgelaufen."[273]

Am 1. Februar 1926 wurde Stülpnagel dann tatsächlich unter der Beförderung zum Oberst in das Infanterie-Regiment Nr. 17 nach Braunschweig versetzt. In seinen Erinnerungen wird die persönliche Enttäuschung Stülpnagels deutlich, der zu erkennen glaubte, „daß Seeckt jetzt einen Kurs steuern wollte, der nicht mehr der jugendlichen Richtung im Heere entsprach."[274]

Stülpnagel wurde nicht sogleich Regimentskommandeur, sondern war in Braunschweig zunächst nur für die wirtschaftlichen Belange des dortigen Regiments verantwortlich. Er richtete sich den Dienst so ein, dass er fast in jedem Monat zwei bis drei Tage nach Berlin fuhr, „um meine Freunde zu besuchen, Neuigkeiten zu erfahren und um nicht vergessen zu werden."[275] Man kann daran erkennen, dass Stülpnagel sich nicht mit seiner Versetzung abfinden wollte und weiterhin an verantwortungsvolle Aufgaben in der Reichswehr dachte.

---

272 Stülpnagel, 75 Jahre, Seite 226. Bei einem der hier zu verabschiedenden Offiziere handelte es sich um den späteren Generalfeldmarschall Paulus, der 1943 mit den Resten seiner 6. Armee in Stalingrad in russische Gefangenschaft ging.

273 Ebenda, Seite 229.

274 Ebenda, Seite 230. – Vgl. auch Carsten, Reichswehr und Politik, Seite 232 ff., der verschiedene Offiziere anführt, die die Weigerung General von Seeckts beschreiben, eine Verjüngung im Offizierkorps und damit auch neue militärische Gedanken zuzulassen.

275 Stülpnagel, 75 Jahre, Seite 231.

Stülpnagel mit dem Chef der Heeresleitung General Wilhelm Heye, dem Nachfolger von Seeckts, bei einem Gruppenmanöver der 6. Division und der 3. Kavalleriedivision in Westfalen 1927

Nach der Entlassung General von Seeckts im Oktober 1926 ließ dessen Nachfolger als Chef der Heeresleitung, Wilhelm Heye, schon bald bei Stülpnagel anfragen, ob dieser lieber Chef des Truppenamtes oder Chef des Personalamtes werden wollte. Stülpnagel traf in dieser Frage nach eigener Aussage eine "rein sachliche Entscheidung": Obwohl er persönlich eigentlich die Stellung des Chefs des Truppenamtes bevorzugte, wusste er in Blomberg einen geeigneten Offizier für diese Position vorzuschlagen, wohingegen er für den Chef des Personalamts nur sich selbst als geeignet betrachtete, weil er allein mit den Berliner Verhältnissen vertraut war. Er schlug sich selbst für den Posten des Chefs des Personalamts vor, wenn er sich seiner Entscheidung auch nicht ganz sicher war: „Ich griff damit, wenn auch nicht aus freien Stücken, in mein Schicksal ein und glaubte, daß diese Lösung auch im Interesse Heyes und der Armee sachlich richtig wäre. In späteren Jahren erkannte ich, daß für mich persönlich der andere Weg der bessere gewesen wäre, ich hätte mir weniger Ärger geschafft und wäre nicht so stark in den Vordergrund getreten."[276] Diese Aussage ist bereits von der Kenntnis der späteren Entwicklung bestimmt. Als sicher kann jedoch angenommen werden, dass Stülpnagel durch seine Arbeitsweise und seine Persönlichkeit als Chef des Truppenamtes ebenso stark in den Vordergrund getreten wäre wie in seiner Verwendung als Chef des Heerespersonalamtes.

Doch zunächst übernahm Joachim von Stülpnagel im November 1926 das Kommando über das Infanterie-Regiment Nr. 17 in Braunschweig, obwohl zu diesem Zeitpunkt schon seine erneute Versetzung ins Ministerium sicher war. Zum 1. Februar 1927 wurde Stülpnagel, nach nur drei Monaten Dienstzeit als Regimentskommandeur, Chef des Heerespersonalamts. Man war also Stülpnagels rein sachlichen Erwägungen bei der Besetzung der Spitzendienstposten gefolgt.

Als Chef des Heerespersonalamts wollte Stülpnagel vor allem die von Seeckt abgelehnte Verjüngung des Offizierkorps durchsetzen, weil es seiner Meinung nach darauf ankam, „das Offizierkorps, gerade nach einem verlorenen Kriege, in jugendlicher Frische zu erhalten und an seine Spitze Führer zu stellen, die die Jugend mitrissen."[277] Galt schon die Ernennung Stülpnagels als „ein revolutionäres Programm"[278], so war es eine undankbare Aufgabe

[276] Stülpnagel, 75 Jahre, Seite 235.
[277] Ebenda, Seite 242.
[278] Ebenda, Seite 238.

ältere, verdiente Generale entlassen zu müssen, eine Aufgabe, die ihm viel Reibereien und Missgunst einbringen musste.[279]

Ein weiteres Aufgabengebiet, dem sich Stülpnagel besonders widmete, war die „Charaktererziehung des Offizierkorps", die eine Erziehung der Persönlichkeit „gegen Schusterei und Mangel an Zivilcourage"[280] bedeutete, die seiner Meinung nach schon bei der Auswahl des Offiziernachwuchses begann. So war es auch Joachim von Stülpnagel, der eine obligatorische psychologische Prüfung der Offizieranwärter in die Reichswehr einführte. Damit erlebte die Wehrpsychologie unter der Leitung von Hans von Voß, dessen Sohn Hans-Alexander von Voß[281] mit Stülpnagels zweitältester Tochter Gisela verheiratet war, eine völlig neue Bedeutung für die Auswahl des Offiziernachwuchses.[282] In einer Denkschrift vom 20. November 1928 beschrieb Stülpnagel den „gegenwärtigen Zustand und die Zukunftsaufgaben des Offizierkorps": „Das Ziel ist die Schaffung eines Offizierkorps, das charakterlich und geistig eine Elite von Menschen darstellt, die über den Rahmen der Berufsaufgaben hinaus auf die Masse der Bevölkerung eine Einwirkung ausübt. [...] Das Offizierkorps ist heute noch nicht eine Elite besonders hervortretender Menschen, wohl aber ein guter, die Masse des alten Offizierkorps überragender Durchschnitt. Im Besonderen fehlt es heute an Geistigkeit, an Köpfen. Allgemein ist ein großes Streben und reger Eifer zu beobachten. Aber die Übersicht und das Erkennen des Wesentlichen geht bei der Masse unter der reichlichen Tagesarbeit verloren. Die befähigtsten Offiziere sind im Ministerium und in den höheren Stäben überlastet,

---

279 „Ich war mir darüber klar, daß ich in der Armee als der Sündenbock gelten würde." – Stülpnagel, 75 Jahre, Seite 241.

280 Ebenda, Seite 245.

281 Stülpnagels Schwiegersohn Hans-Alexander von Voß diente später unter anderem als Oberstleutnant i.G. 1943 im Stab der Heeresgruppe Mitte um Henning von Tresckow und muss dem militärischen Widerstand gegen Hitler zugerechnet werden.

282 Vgl. Hofstätter, Peter R. (Hrsg.): Deutsche Wehrpsychologie 1914 – 1945, München 1995.

das Denken kommt zu kurz. Wirkliche Persönlichkeiten zeigen sich nicht genügend. Nach diesen verlangt vor allem die in der heutigen Zeit sehr kritische Jugend."[283] An diesen Gedanken und den sie umsetzenden Maßnahmen kann man erneut den reformerischen Geist Stülpnagels erkennen, mit dem er auch diese Aufgabe angepackt hat, und mit dem er sich auch gegen Widerstände durchsetzte. Bemerkenswert ist an diesem Zitat die gesellschaftliche Funktion der Reichswehr, die mit ihrem Offizierkorps „auf die Masse der Bevölkerung eine Einwirkung" ausüben sollte.

Seine Anerkennung fand er selbst in seiner vorzugsweisen Beförderung zum General im April 1928. Mit 48 Jahren war Stülpnagel damit jüngster General in der Reichswehr und er hat, zusammen mit dem neuen Chef des Truppenamtes, Blomberg, ältere Kameraden übersprungen. Stülpnagel fürchtete „mit Recht, daß dieses böses Blut machen könne."[284] Dennoch fühlte sich Stülpnagel in seiner Haltung bestätigt und verfolgte hartnäckig und unbeirrt seine persönliche Linie. Dass er dabei auf immer mehr Widerstand stieß, nahm er nur am Rande zur Kenntnis.[285] Vorherrschend war seine selbstsichere Einstellung: „Unser Leben [das der Familie Stülpnagel] stand im Zeichen des Aufstiegs, und so war es nur erklärlich, daß die Menschen zu uns drängten."[286]

Seine Position im Reichswehrministerium, ebenso wie die Schleichers, wurde verstärkt, als mit dem neuen Reichswehrminister Wilhelm Groener im Januar 1928 ein Mann politische Verantwortung übernahm, der bei der Obersten Heeresleitung der Vorgesetzte von Wilhelm Heye, dem jetzigen Chef der Heeresleitung, war.

---

283 „Der gegenwärtige Zustand und die Zukunftsaufgaben des Offizierkorps" – BA/MA, Depot Stülpnagel N 5/22.

284 Stülpnagel, 75 Jahre, Seite 252.

285 „Ich war ernster, innerlich freier, aber auch in meinem Berufsleben einsamer geworden. Geßler, [...], sagte mir einmal mit Recht: Je höher man steigt, desto eisiger wird die Luft." – Ebenda, Seite 258.

286 Ebenda, Seite 266.

Damit verlor die Position des Chefs der Heeresleitung allmählich an Bedeutung, während Offiziere wie Schleicher und Stülpnagel von dieser Entwicklung profitierten.

Stülpnagel (Zweiter von links) begleitet als Chef des Heerespersonalamtes 1928 Reichspräsident Paul von Hindenburg und Reichswehrminister Wilhelm Groener bei einem Manöver in Schlesien

In diesem Zusammenhang ist auch das freundschaftliche Verhältnis Groeners zu Schleicher zu erklären, das zur Einrichtung des Ministeramts beim Reichswehrminister unter der Leitung Schleichers im März 1929 führte, wodurch Schleicher im Range eines Staatssekretärs auch den Chef der Heeresleitung an tatsächlicher Bedeutung überragte. Hier ist wieder die „Clique" im Reichswehrministerium zu erwähnen, die durch einen schwachen Chef der Heeresleitung natürlich umso stärker an Bedeutung gewann.[287] Zwar betonte Stülpnagel in seinen Erinnerungen immer seine absolute Loyalität gegenüber dem Chef der Heeresleitung – was nach seiner ganzen Art und Haltung durchaus glaubwürdig ist – dennoch „wurde schon in dieser Zeit mein [Stülpnagels] Name für diesen Posten [Chef der Heeresleitung] in- und außerhalb des Heeres genannt.“ [288] Und genau das stellte eine schwierige Situation dar, in der er einerseits den amtierenden Chef der Heeresleitung nicht öffentlich beschädigen durfte, andererseits aber schon als dessen Nachfolger gehandelt wurde.

Im Oktober 1929 wurde Stülpnagel unter Beförderung zum Generalleutnant Kommandeur der 3. Division und Befehlshaber des Wehrkreises III in Berlin.[289] Bei seiner Meldung bei Minister Groener eröffnete ihm dieser, dass er Stülpnagel „als Chef der Heeresleitung in Aussicht genommen habe, für den Augenblick aber noch Widerstände fürchte.“[290]

In dieser Situation, mit der Aussicht auf die höchste Stelle im Reichsheer, werden das ganze Selbstbewusstsein und die Selbstsicherheit Stülpnagels, bis an die Grenze zur Überheblichkeit, deutlich.

---

287 Carsten, Reichswehr und Politik, Seite 328, zitiert aus den Lebenserinnerungen Hilmar Ritter von Mittelbergers zu dieser Situation: „Das Trio Stülpnagel - Schleicher - von dem Bussche galt dann als allmächtig im Reichswehrministerium. [...] Heye war freundlich und leutselig. [...] Heye wurde mehr und mehr übergangen und wurde kaltgestellt.“

288 Stülpnagel, 75 Jahre, Seite 249.

289 „Mit 49 Jahren „Exzellenz“ war für damalige Verhältnisse atemberaubend.“ – Ebenda, Seite 266.

290 Ebenda.

Juni 1928: Beim Ausritt im Berliner Tiergarten auf Stülpnagels Füchsen „Eldor“ und „Dreifuß“

Erst im Rückblick von 1955 gestand sich Stülpnagel ein: „Ich war durch meine so erfolgreiche Laufbahn verwöhnt und ging, um mit Schleichers Worten zu sprechen, wie ein Parzival durchs Leben. Anstatt mir ernst zu überlegen, wie ich mich als Kronprinz klug und vorsichtig zu verhalten habe, verließ ich mich auf mein bisheriges Glück, mein Können und meine Freunde, in Sonderheit auf Schleicher und seinen Einfluss bei Groener.“[291] Aus diesen Worten sprechen bereits die Kenntnis der späteren Entwicklung und die Zweifel an seinem damaligen Verhalten.

Stülpnagel berichtete von Glückwunschschreiben und Pressemeldungen, die seine Stellung als Divisionskommandeur in Berlin

[291] Stülpnagel, 75 Jahre, Seite 266.

nur als Übergang zum Chef der Heeresleitung ansahen. Im Dezember 1929 hatte es nach Stülpnagels Erinnerungen eindeutige Aussagen Schleichers gegeben, dass Stülpnagel zum 1. April 1930 Chef der Heeresleitung werden sollte. Aber noch konnte sich Minister Groener offensichtlich nicht zur Ablösung Heyes als Chef der Heeresleitung entscheiden, wohl erschien ihm auch Stülpnagel noch zu jung, um Nachfolger Heyes zu werden. In seiner Tätigkeit als Divisionskommandeur und Befehlshaber hatte Stülpnagel genügend Möglichkeiten, sich über den Zustand des Heeres zu äußern und die innenpolitischen Auseinandersetzungen um die Reichswehr aufzugreifen. Dabei lag ihm nach eigenen Aussagen eine direkte innenpolitische Einflussnahme fern, ihm ging es nach wie vor um den Aufbau eines starken Staates mit einer gesunden Wirtschaft, um einen Staat, „der gesund und stark nach all den Revolutions- und Kriegserfahrungen sich Schritt für Schritt sich seine alte Stellung in der Welt wieder aufgebaut hätte.“[292] In einer späteren Rede forderte Stülpnagel von der Reichswehr „den klaren Weg strengster Überparteilichkeit und innerer Geschlossenheit.“[293] Es handelte sich hierbei um bereits von Seeckt geprägte Handlungsmuster, die Stülpnagel erneut aufgegriffen hat. Durch diese Ansichten setzte er sich zunehmend in einen Gegensatz zu Schleicher, der sich zutraute, die Konflikte um die Position der Reichswehr durch Klugheit und politische Wendigkeit zu lösen. Schleicher wollte weiterhin eine engere Bindung der Reichswehr an die Innenpolitik erreichen.[294]

In einem Brief Stülpnagels an Schleicher vom 30. Juni 1930 forderte dieser, dass „bald Klarheit über den Nachfolger [Heyes als Chef der Heeresleitung] geschaffen werden“ sollte. Des Weiteren

---

292 Stülpnagel, 75 Jahre, Seite 271.

293 Ebenda, Seite 272.

294 Über die Rolle Schleichers beim Zustandekommen der Präsidialkabinette Brüning, Papen und Schleicher vgl. Bracher, Auflösung der Weimarer Republik und Carsten, Reichswehr und Politik.

hätte Stülpnagel in seinem „Freundeskreise seit Jahren betont, daß nur sachliche Gründe maßgebend sein dürfen. Fällt die Entscheidung für Blomberg oder Hammerstein so würde ich diese begrüßen und ohne jede Bitterkeit oder gar verletzte Eitelkeit aus dem Heere scheiden."[295] Das Missverhältnis zu Schleicher, der in diesen Jahren natürlich eigene politische Interessen verfolgte, muss der ausschlaggebende Grund dafür gewesen sein, dass Joachim von Stülpnagel im November 1930 nicht Chef der Heeresleitung wurde, sondern Schleichers alter Regimentskamerad Kurt Freiherr von Hammerstein-Equord.

Obwohl Stülpnagel von der fachlichen Qualifikation gesehen und von seinem bisherigen Werdegang als der am besten geeignete Nachfolger Heyes erschien[296], wurde ihm von Hammerstein-Equord vorgezogen, der „als ein hochbegabter und kluger Militär [galt], der ein waches Interesse für politische Probleme besaß und besonders der innenpolitischen Entwicklung mit kritischem Blick begegnete"[297], dessen Bequemlichkeit andererseits aber auch bekannt war. Hier wird vor allem das Bestreben Schleichers deutlich, „für die Zukunft einen ihm hörigen und bequemen Chef der Heeresleitung [zu] haben."[298] Stülpnagel äußerte später die Vermutung, dass seine [Stülpnagels] „selbständige Entwicklung und meine Haltung als Befehlshaber in ihnen [bei Groener und Schleicher] die Sorge auslöste, ich könnte für sie ein unbequemer Chef der Heeresleitung

---

[295] Zitiert bei: Carsten, Reichswehr und Politik, Seite 333.

[296] „Der Kandidat des Offizierkorps des Reichsheeres sowie des Reichswehrministers Groener war uneingeschränkt General von Stülpnagel, der schon als Stabsoffizier von der „Clique" für diesen Posten empfohlen worden war und ohne jeden Zweifel und in jeder Hinsicht für die Stelle des Chefs der Heeresleitung hervorragende Eignung besaß. Er hätte an der Spitze des Reichsheeres wahrscheinlich mehr das Format des Generals von Seeckt als das des Generals Heye gehabt; und er wäre vielleicht auch der rechte Mann gewesen, um das Übergewicht des Reichswehrministeriums über die Heeresleitung erfolgreich zu bekämpfen und einen Damm zu errichten gegen die Machtansprüche der NSDAP." – Erfurth, Generalstab, Seite 120.

[297] Wohlfeil, Heer und Republik, Seite 129.

[298] Stülpnagel, 75 Jahre, Seite 279.

und damit eine Gefahr für ihre politische Führung werden."[299] Auch Fritsch äußerte sich dahingehend: „Welche Intriguen da wieder gesponnen, welche Schiebungen vorgenommen sind, ahne ich natürlich nicht. Unmöglich kann aber Schleicher an den Dingen unbeteiligt sein. Er ist doch zur Zeit der im R.W.M. [Reichswehrministerium] absolut herrschende Mann. Ich kann nur vermuten, daß Sie ihm eine zu starke Persönlichkeit sind [...]."[300]

Stülpnagel, innerlich enttäuscht und persönlich tief verbittert, ist wohl einer politischen Intrige seines Kameraden und Freundes Schleicher bei Groener zum Opfer gefallen, und er dachte sofort daran seinen Abschied einzureichen. Dem Drängen einiger Freunde und Kameraden nachgebend, blieb Stülpnagel aber weiterhin Soldat, in der festen Absicht „meine Pflicht als Soldat zu erfüllen, aber meine Linie nicht um einen Deut zu verlieren."[301] Er wollte den Eindruck verletzter Eitelkeit vermeiden und dachte daran, „der Sache vielleicht noch dienen zu können."[302] Hier kommen wieder für Stülpnagel typische Charakterzüge zum Vorschein, die sich im weiteren Verlauf seines Lebens nur noch steigerten; ob in Zeitungsartikeln, bei offiziellen Anlässen oder bei Treffen des Familienverbandes: Bei Joachim von Stülpnagel wurde, oder besser: war, die

[299] Stülpnagel, 75 Jahre, Seite 278.

[300] Zitiert bei: Carsten, Reichswehr und Politik, Seite 334. – Diese positive Darstellung Stülpnagels klingt aber bei Groener Ende 1930 so: „Ich bin richtig froh, daß ich nicht auf Stülpnagel hereinfiel, der sich mehr und mehr als ein Schwachmatikus entpuppte und am liebsten zu den Nationalsozialisten überliefe. Er hält sich für Scharnhorst und Gneisenau zusammen und möchte mit aller Gewalt ein großer Mann werden." – Groener am 28. Dezember 1930 an GenMaj a.D. von Gleich, zitiert bei Carsten, Reichswehr und Politik, Seite 361. – Sauer, Reichswehr, Seite 226, nimmt dieses Zitat zum Anlass und schreibt, dass die Zurücksetzung Stülpnagels als Chef der Heeresleitung „eine interessante Bedeutung dadurch gewinnt, daß Stülpnagel nach dem Zeugnis von Groener eine offenen Hinneigung zum Nationalsozialismus gezeigt haben soll." Diese Einschätzung finde ich in Stülpnagels Nachlass nicht bestätigt. Vgl. auch die Einschätzung Erfurths, s.o. Anm. 296.

[301] Stülpnagel, 75 Jahre, Seite 280.

[302] Ebenda.

„Zivilcourage“[303] zum Prinzip geworden, die „Treue gegen sich selbst“[304] zum alleinigen Leitmotiv seiner weiteren beruflichen Tätigkeit.

Diese Vorgehensweise führte zu dauernden Reibereien und schließlich zum Bruch Stülpnagels mit dem Reichswehrministerium. Aber Stülpnagel war nicht gewillt, Kompromisse einzugehen: „Ich wollte nicht zu den von mir mißachteten höheren Offizieren gehören, die sich nach dem Winde drehen, und hatte mich von Monat zu Monat immer mehr in den Gedanken hereingelebt, daß die sachlichen und persönlichen Gegensätze doch einmal zu einem Bruch treiben würden.“[305] Auslöser für den tatsächlichen Bruch mit dem Reichswehrministerium war der Artikel „Gneisenau und der heutige Offizier“, in dem Stülpnagel die gegenwärtige Ausschaltung des Offiziers aus der staatlichen Verantwortung schilderte und die Frage stellte, wie Gneisenau in dieser Situation gehandelt hätte. Stülpnagel beantwortete die Frage mit den Worten: „Dieser leidenschaftliche, die Nation heiß liebende und für ihre Gesundung und Kräftigung so aktiv sich einsetzende Mann würde heute - kämpfen ohne Menschenfurcht, und mit dem vollen Einsatz seines Lebens. Das aber will sicherlich auch der heutige Offizier, nicht nur sich gedulden und nur gehorchen!“[306] In dieser Situation reichte Joachim von Stülpnagel seinen Abschied zum 31. Dezember 1931 ein, der ihm gewährt wurde. Er erhielt den Charakter als General der Infanterie und beschloss damit seine soldatische Laufbahn, die ihm sein Leben lang vorgezeichnet erschien, die ihn aber zur höchsten Stelle, die des Chefs der Heeresleitung, nicht führte.

303 Stülpnagel, 75 Jahre, Seite 292.

304 Ebenda, Seite 293.

305 Ebenda, Seite 292.

306 „Gneisenau und der heutige Offizier“ – Berliner Börsen-Zeitung vom 3. September 1931. – Interessant ist in diesem Artikel erneut die Anlehnung an das historische Beispiel aus der Zeit des preußischen Befreiungskrieges.

Stülpnagel bezeichnete dies als die „Tragik meines Soldatenschicksals“.[307]

Am 2. Januar 1932 nahm Stülpnagel eine neue Tätigkeit bei der Berliner Börsen-Zeitung auf, die dem Onkel seiner Frau gehörte und für die Stülpnagel schon seit etwa 1924 unregelmäßig unter Pseudonym Artikel über die Reichswehr oder sicherheitspolitische Probleme verfasste.[308] Hauptaufgabe Stülpnagels war vor allem die repräsentative Vertretung der Zeitung, was er durch seinen Bekanntheitsgrad und seine Verbindungen in Berlin sehr gut leisten konnte.

Alle Versuche von Parteien oder Interessengruppen, Stülpnagel für deren Belange einzubinden, lehnte dieser aus innerer Überzeugung ab. „Diese meine Haltung fand damals in Einzelgesprächen Anerkennung, sie stempelte mich aber als eigenwillig und für politische Sonderzwecke als unbrauchbar ab“[309], bemerkte Stülpnagel in seinen Erinnerungen. Die gleiche Einstellung vertrat Stülpnagel schon im Juli 1930 in einem Gespräch mit Göring und machte das nach seiner Verabschiedung aus der Reichswehr auch Hitler gegenüber deutlich. Durch seine Stellung bei der Börsen-Zeitung kam Stülpnagel mit vielen damals führenden Politikern in Berührung. Stülpnagel schrieb von Überlegungen Papens, Stülpnagel sollte in einem „Kampfkabinett Papen“ Reichswehrminister werden.[310]

---

307 Stülpnagel, 75 Jahre, Seite 294.

308 Aus dieser Tatsache leitet Wohlfeil, Heer und Republik, Seite 158, eine „Abstützung der Reichswehrführung auf die Berliner Börsen-Zeitung“ her. Eine „Kontrolle“ der Zeitung durch die Familie Stülpnagel vermittelt meiner Meinung nach ebenso einen falschen Eindruck: Es handelte sich bei der Börsen-Zeitung um eine unabhängige, konservative Zeitung, die gleichwohl einem entfernten Verwandten gehörte.

309 Stülpnagel, 75 Jahre, Seite 299.

310 Ebenda, Seite 305.

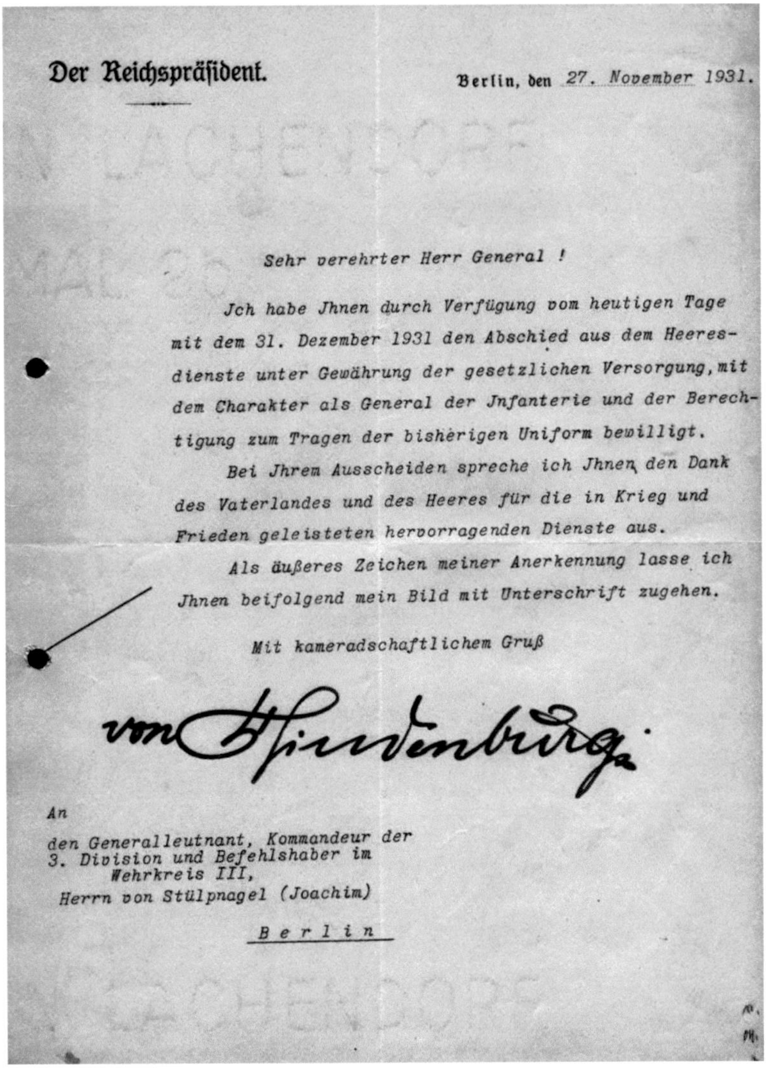

Der Reichspräsident.

Berlin, den 27. November 1931.

Sehr verehrter Herr General !

Jch habe Jhnen durch Verfügung vom heutigen Tage mit dem 31. Dezember 1931 den Abschied aus dem Heeresdienste unter Gewährung der gesetzlichen Versorgung, mit dem Charakter als General der Jnfanterie und der Berechtigung zum Tragen der bisherigen Uniform bewilligt.

Bei Jhrem Ausscheiden spreche ich Jhnen den Dank des Vaterlandes und des Heeres für die in Krieg und Frieden geleisteten hervorragenden Dienste aus.

Als äußeres Zeichen meiner Anerkennung lasse ich Jhnen beifolgend mein Bild mit Unterschrift zugehen.

Mit kameradschaftlichem Gruß

von Hindenburg

An
den Generalleutnant, Kommandeur der
3. Division und Befehlshaber im
Wehrkreis III,
Herrn von Stülpnagel (Joachim)

Berlin

Joachim von Stülpnagels Entlassungsurkunde zum Ende des Jahres 1931: Das Ende eines Berufslebens in Uniform

In den unterschiedlichen Presseorganen wurde Stülpnagel dann 1932/33 vor allem als Gegner Schleichers angesehen und man versuchte bewusst mit ihm Politik zu machen. Das führte dazu, dass Stülpnagel immer wieder mit Intrigen und politischen Hintertreibungen in Zusammenhang gebracht wurde. Stülpnagel wehrte sich daraufhin mit „Berichtigungen".[311] Dennoch erschien die Person Stülpnagel immer noch so einflussreich und interessant für die Politik, dass ihn eigentlich niemand unberücksichtigt lassen wollte. So wurde er z.B. bei drei „Schattenkabinetten unter der Kanzlerschaft von Hitler, Papen oder Bracht"[312] als Reichswehrminister dieser Kabinette genannt.[313] Der dann im Januar 1933 kommende Reichskanzler Hitler wählte Blomberg zum Reichswehrminister. Auf Nachfragen, warum Hitler nicht Stülpnagel zum Minister gemacht hätte, erzählte Blomberg, „daß Hitler ihm gesagt habe, „Stülpnagel ist ein zu eigenwilliger Mann.""[314]

So bewahrte Stülpnagels selbständige Persönlichkeit ihn vor einer Mitverantwortung am kommenden nationalsozialistischen Regime. Ein Regime, das er zwar „in seinem Auftreten im Parlament und in seiner Kampfesart in den Straßen und Sälen ablehnte," von dem Stülpnagel aber doch anfangs hoffte, „daß dies alles nur ein Übergang sei und daß die „Bewegung" im ganzen Volk sich gesund entwickeln könnte."[315] Aus diesem Satz wird deutlich, dass Stülpnagel die nationalsozialistischen Bestrebungen anfangs in ihrer gesamten Bedeutung nicht erkannt und im Wesentlichen unterschätzt hatte. Vielleicht erklärt das auch die Einschätzung Stülpnagels bei Sauer, der schreibt, dass „von Stülpnagels Hinneigung zu

---

311 Diese „Berichtigungen" entsprechen unseren heutigen „Gegendarstellungen" und mussten nach Presserecht unverändert abgedruckt werden.

312 Stülpnagel, 75 Jahre, Seite 308.

313 Diese Planungen werden auch in einem späteren Brief Hammersteins vom 28. Januar 1935 bestätigt, der sich mit den Zusammenhängen der Regierungsbildung im Januar 1933 befasst. Abgedruckt in: Bracher, Auflösung, Seite 639.

314 Stülpnagel, 75 Jahre, Seite 309.

315 Ebenda, Seite 303.

den Nationalsozialisten allgemein bekannt war."[316] Allerdings wird diese angebliche Neigung Stülpnagels zum Nationalsozialismus nur von Sauer thematisiert, weitere mögliche Hinweise auf Stülpnagels Beurteilung der nationalsozialistischen Bewegung finden sich weder in den untersuchten Quellen, noch in der verwendeten Literatur. Für Stülpnagel stand hingegen fest, dass er den sich entwickelnden nationalsozialistischen Parteienstaat ablehnte und jedem Amt, das ihm angeboten wurde, eine strikte Absage erteilte. Einzig den Dienstposten als Befehlshaber des Ersatzheeres im Mobilmachungsfall nahm er nach dem Angebot durch Blomberg und Fritsch 1933 an. Er wollte sich damit seiner eigenen Aussage nach ausschließlich dem Heer, nicht der Partei, zur Verfügung stellen.

So hatte sich Stülpnagel am ersten Mobilmachungstag, dem 27. August 1939, wieder in Uniform im Kriegsministerium zu melden. Ohne in seinem neuen Posten tätig geworden zu sein, wurde Stülpnagel am 31. August 1939 von seinem Dienstposten entlassen. Als Vorwand wurde ein privates Telefongespräch Stülpnagels mit dem Kronprinzen am 29. August 1939 angeführt, das abgehört worden war. Stülpnagel vermutete als Grund seiner Entlassung aber die Tatsache, dass seine „schon lange vorbereitete Berufung in die immerhin auch innenpolitisch wichtige Stellung [...] Hitler und Himmler erst jetzt bekannt geworden"[317] war. So muss seine Verwendung als Befehlshaber des Ersatzheeres für drei Tage als ein nationalsozialistisches Missverständnis angesehen werden.

---

316 Vgl. Sauer, Reichswehr, der Groener zitiert, s.o. Anm. 300 und Sauer, Reichswehr, Seite 433. – Vielleicht verwechselte Sauer Joachim von Stülpnagel auch mit seinem Vetter Edwin von Stülpnagel, wie er dies auf Seite 438 f. tut, wenn er die „Organisation Stülpnagel", das „Reichskuratorium für Jugendertüchtigung", mit Joachim von Stülpnagel in Verbindung bringt, das hingegen von seinem Vetter Edwin, ebenfalls einem General a.D., geleitet wurde.

317 Stülpnagel, 75 Jahre, Seite 371.

Im Jahre 1936: Stülpnagel wieder in Uniform als Manövergast auf Einladung von Generaloberst von Fritsch (rechts Schwiegersohn Hans-Alexander von Voß, der 1943 im Stab der Heeresgruppe Mitte um Henning von Tresckow dem militärischen Widerstand gegen Hitler zugerechnet werden muss, links Stülpnagels Sohn Rochus-Wilhelm)

Joachim von Stülpnagels erfolgreiche Verlagstätigkeit, darunter auch die Neugründung des Verlages „Die Wehrmacht“, war der nationalsozialistischen Presseorganisation ein Dorn im Auge, so dass die Börsen-Zeitung im Dezember 1938 verkauft und Stülpnagels erfolgreicher eigener Verlag im Jahre 1940 zwangsweise abgegeben werden musste. Was Stülpnagel blieb, waren Tätigkeiten in unterschiedlichen Aufsichtsräten und die Pflege persönlicher Verbindungen.

Am 16. August 1944 wurde Stülpnagel im Zusammenhang mit der Verhaftungswelle nach dem Attentat auf Hitler vom 20. Juli 1944 verhaftet, weil in dem Notizbuch Goerdelers stand, dass dieser Stülpnagel „für eine der höchsten Stellen im Staat in Aussicht genommen"[318] hatte. Stülpnagel hatte nach eigenen Angaben mit Goerdeler nie über eine solche Einbeziehung gesprochen. Gesundheitlich angeschlagen wurde Stülpnagel im November 1944 aus der Haft entlassen.

Der Beschlagnahme seines Hauses in Babelsberg im Juni 1945 folgte im Februar 1946 die Flucht nach Bayern, wo Joachim von Stülpnagel am 17. Mai 1968 im Alter von 88 Jahren in Oberaudorf starb.

---

[318] Stülpnagel, 75 Jahre, Seite 397.

Joachim von Stülpnagel im Jahre 1953

6 Schlussbetrachtung

Mit der vorliegenden Arbeit wurde der Versuch unternommen, sich Person und Persönlichkeit Joachim von Stülpnagels zu nähern. Wurde Stülpnagel in vielen Veröffentlichungen zur Geschichte der Reichswehr und der Weimarer Republik vor allem und teilweise ausschließlich mit seinen „Gedanken über den Krieg der Zukunft“ identifiziert, so sollte in dieser Arbeit versucht werden, den Offizier, der hinter dieser Denkschrift steht, die er als Oberstleutnant 1924 verfasst hatte, näher zu beschreiben. Skizziert wurde aus biographischen Daten und Veröffentlichungen das Bild eines Mannes, dem sein Lebensweg als Offizier schon in Kindheit und Jugend vorgezeichnet war.

Es zeigt den durch seine Familie, seine Erziehung in Kadettenanstalten und seinen Pagendienst als Leibpage Kaiser Wilhelms II. nachhaltig monarchisch geprägten Offizier, der durch Tradition und militärische Ausbildung seine Position als loyaler Offizier beim preußischen Gardekorps des Kaiserreichs fand. Dieser fest in der militärischen Tradition seiner Familie stehende Offizier dachte und handelte zunächst ausschließlich als Soldat und wurde zum Generalstabsoffizier ausgebildet. Als solcher zog er in den Ersten Weltkrieg und erfüllte auf jedem Dienstposten, auf den er gestellt wurde, seine Pflicht als Generalstabsoffizier. Bemerkenswert an diesem frühen Lebensabschnitt ist das rein soldatische Berufsethos, der Ernst und Diensteifer, das preußische Dienen „um der Sache wegen“, das Stülpnagel scheinbar völlig unkritisch militärisch-handwerkliche Leistungen erbringen ließen. Hervorragende Leistungen brachten Joachim von Stülpnagel schließlich zum Ende des Krieges in die Oberste Heeresleitung als Chef der damals bedeutendsten Abteilung, der Operationsabteilung.

Doch dann brach dieses System, in dem Stülpnagel bisher so erfolgreich gelebt und gedient hatte, mit der deutschen Niederlage im Ersten Weltkrieg zusammen. Für viele kaiserliche Offiziere bedeutete das den Verlust ihres bisherigen Werte- und Bezugssystems. Der Auflösung der Monarchie und der Entbindung von seinem militärischen Eid folgten mit den bürgerkriegsähnlichen Zuständen in Deutschland Chaos und Unordnung. Für Offiziere wie Joachim von Stülpnagel konnte es in dieser Situation nur darum gehen, die Radikalisierung möglichst schnell einzudämmen, innenpolitisch wieder handlungsfähig zu werden und klare Verhältnisse in Berlin herzustellen. Die junge Reichswehr, das Militärische schlechthin, galt Stülpnagel in dieser Situation als einzig funktionierendes Machtinstrument, das allein zur Wiederherstellung von Staatsautorität nach innen – mehr noch nach außen – zur Verfügung stand. Seinem bisherigen Erfahrungshorizont entsprechend galt ihm ein soldatisches Ordnungsprinzip als Ausweg aus der politischen Krise nach Ende des Ersten Weltkrieges. Stülpnagel arbeitete am Aufbau der jungen Reichswehr mit, zunächst als Bataillonskommandeur, dann, schon ab 1920, im Reichswehrministerium. Hier stellte Stülpnagel fest, dass der bisherige „Nur-Soldat" in den Verhältnissen der Weimarer Republik politisches Denken lernen müsse.

Aber Joachim von Stülpnagel konnte sich nicht vorbehaltlos in den Dienst der Reichswehr und der Weimarer Republik stellen: Der monarchisch geprägte und konservative Offizier hoffte auf eine Wiedererstehung der Monarchie in Deutschland nach englischem Vorbild, wählte bei den Reichstagswahlen DNVP, welche eine konstitutionelle Monarchie einführen wollte. Die damit verbundene Ablehnung der republikanischen Staatsform äußerte sich in Stülpnagels Unzufriedenheit mit Politik und Politikern der damaligen Regierungen, die sich in seinen Zeitungsartikeln niederschlug. Gerade aus seinen Veröffentlichungen in der Berliner Börsen-

Zeitung wird eine insgesamt revanchistische Grundhaltung Frankreichs gegenüber deutlich. Eine herausragende Belastung in seinem Verhältnis zur Weimarer Republik war der Versailler Vertrag, der natürlicherweise am Selbstbewusstsein des Offizierkorps nagte und der deshalb von Stülpnagel aufs schärfste abgelehnt wurde. Eine Revision des Versailler Vertrages war für ihn unausweichlich. Ein weiterer Stein des Anstoßes bildete die Internationale Militär-Kontrollkommission (IMKK), gegen die Stülpnagel mit seinen Zeitungsartikeln zum Widerstand aufrief. Es konnten in Stülpnagels Zeitungsveröffentlichungen Belege gefunden werden, dass er noch 1928 mit dem populären Schlagwort vom Dolchstoß gegen das System von Weimar argumentierte. Joachim von Stülpnagel bestätigte mit diesen schlaglichtartigen Beispielen seines Verhältnisses zur Weimarer Republik das Bild eines kaiserlichen Gardeoffiziers, der seine Rolle in der neuen Staatsform erst noch definieren musste, der seinerseits aber auch die Reichswehr in eine bestimmte Richtung gelenkt sehen mochte und daran aktiv mitgewirkt hat.

Während Kurt von Schleicher der politische Berater des Chefs der Heeresleitung – über lange Jahre Hans von Seeckt – wurde, bezeichnete sich Stülpnagel als dessen militärischer Ratgeber. Diese Rolle kam Stülpnagel als Leiter der Heeresabteilung im Reichswehrministerium auch zu. In dieser Funktion entwickelte Stülpnagel im Februar 1924 „Gedanken über den Krieg der Zukunft“, die er in Vorträgen und Denkschriften einem größeren Kreise bekannt machen wollte. Schon allein durch Stülpnagels Stellung als Abteilungsleiter begründet, kann man diese Arbeit nicht als einen bloßen Referentenentwurf ohne größere Auswirkungen betrachten, wenngleich die Umsetzung der Denkschrift in konkrete Reichswehrpolitik nicht gelang. Seine Gedanken waren geprägt von einem klaren militärischen Realismus, wenngleich die politische Zielbestimmung des Zukunftskrieges weitgehend im Irrationalen blieb.

Der Denkschrift muss dennoch eine richtungweisende Rolle bei der Definition des Verhältnisses von Reichswehr zur Weimarer Republik zugemessen werden, weil hier erstmals aus den innen- und außenpolitischen Realitäten der Weimarer Republik konsequente Folgerungen für die Haltung der Reichswehr gezogen wurden. Mit ausdrücklicher Bezugnahme auf den preußischen Befreiungskrieg von 1813 und nach einer Neueinschätzung der militärpolitischen Lage der Weimarer Republik um die Jahreswende 1923/24 wies Joachim von Stülpnagel den Weg zu einer Öffnung der Reichswehr gegenüber den Institutionen der Weimarer Republik. Diese Neuausrichtung der staatlichen Verteidigungspolitik wäre in letzter Konsequenz verbunden gewesen mit einer Militarisierung von weiten Teilen der Gesellschaft, die in dieser radikalen Form nicht durchsetzbar war. Stülpnagel hat über seinen eigentlichen militärischen Zuständigkeitsbereich hinaus eine nationale und wehrhafte Erziehung der Jugendlichen in Deutschland gefordert. Stülpnagel sah in der Gesunderhaltung, im Sport und im Wandern, in einer wehrsportlichen Erziehung der Bevölkerung im weitesten Sinne notwendige Bedingungen für einen erfolgreichen Volksaufstand gegen Frankreich.

Es konnte in dieser Arbeit aufgezeigt werden, dass allein aufgrund der Position Stülpnagels im Reichswehrministerium seinen „Gedanken über den Krieg der Zukunft“ ein programmatischer Charakter für die Reichswehr beigemessen werden muss. Gleichwohl wurde darauf hingewiesen, dass sich die Auswirkungen der Denkschrift im konkreten Handeln der Reichswehrführung nicht unmittelbar nachweisen lassen, wenn auch in Planspielen oder Führerreisen auf Stülpnagels Gedanken Bezug genommen wurde. Mit dieser Bewertung der Stülpnagel-Denkschrift ist ferner deutlich geworden, dass sich die Reichswehrführung nicht erst nach Seeckts Ausscheiden aus dem Amt 1926 gegenüber den Institutionen der Weimarer Republik geöffnet hatte, sondern in der Folge der

Denkschrift schon mit Beginn des Jahres 1924 eine Öffnung der Reichswehr zu einer Kooperation und Zusammenarbeit mit den politischen Institutionen der Weimarer Republik festgestellt werden kann. Diese Öffnung diente aber nicht etwa einer Demokratisierung der Reichswehr, dafür stand Stülpnagel zu sehr in monarchischer Tradition: Ihm ging es um einen möglichen politischen Weg militärische Forderungen für den Aufbau der Reichswehr umzusetzen. Das weit gesteckte Ziel hat Stülpnagel mit seiner Militarisierung der Gesellschaft beschrieben. Interessant ist dabei, wie ein einzelner Offizier Einfluss auf die Richtung der Entwicklung der Reichswehr nehmen konnte, ohne selbst in entscheidender Führungsposition gewesen zu sein. Es ist auch geschildert worden, dass sich Stülpnagel mit seinen modernen, teilweise radikalen neuen Überlegungen im Gegensatz zur seinerzeitigen Reichswehrführung unter General von Seeckt befand. Darin mag auch die Begründung liegen, dass sich Stülpnagels Gedanken nicht stärker in Entscheidungen und Maßnahmen ausgewirkt haben. Seiner weiteren Karriere und Laufbahn in der Reichswehr haben diese Arbeiten nicht geschadet. Gleichzeitig kann diese Arbeit als Beleg herangezogen werden, dass Stülpnagel spätestens zu diesem Zeitpunkt „politisches Denken“ gelernt hatte, was er vorher als Manko bei sich selbst empfand.

Verbunden mit beruflichen Erfolgen und Anerkennungen kann bei Joachim von Stülpnagel in diesem Lebensabschnitt die Herausbildung einer Persönlichkeit festgestellt werden, die auf einem persönlichen und unabhängigen, eigenen Wertesystem beruhte und die am ehesten mit einem unabhängigen, trotzigen Selbstbewusstsein einherging. Dieses Wertesystem konnte durch die Analyse verschiedener Zeitungsartikel Stülpnagels aus dieser Zeit festgemacht werden an Begriffen wie nationales Ehrgefühl, Selbstbewusstsein, Verantwortung vor der Geschichte, Gehorsam und Zivilcourage. Stülpnagel war zu sehr von der Richtigkeit seiner eigenen Position überzeugt und verfolgte seine Arbeit ausschließlich

„der Sache wegen", dass ihm diese Selbständigkeit des Urteils den Ruf eines unbequemen und eigensinnigen Offiziers einbrachte. Als junger Divisionskommandeur und Befehlshaber eines Wehrkreises schien er der sichere nächste Chef der Heeresleitung zu werden. Übergangen bei dieser Auswahl, verbitterte Stülpnagel diese Tatsache einerseits, bestärkte ihn aber andererseits in seiner persönlichen Haltung, keinen Deut von seinem Weg abzuweichen.

Bezeichnend für Joachim von Stülpnagels Lebensweg nach dem Ersten Weltkrieg kann eine Formulierung herangezogen werden, die er anlässlich des 50jährigen Jubiläums des Diensteintritts Hans von Seeckts in einem Artikel der Berliner Börsen-Zeitung wählte: „Über Wert und Unwert eines Lebens kann nur das eigene Gewissen bei Lebzeiten und später nur die Geschichte Richter sein."[319]

[319] Zitiert bei: Rabenau, Seeckt, Seite 738, und Meier-Welcker, Seeckt, Seite 688.

Anhang

Zeitungsartikel Joachim von Stülpnagels in der Berliner Börsen-Zeitung

„Gedanken eines Soldaten an der Jahreswende.“ vom 1. Januar 1924.

„Nationale Disziplin!“ vom 8. Januar 1924.

„Die Militärkontrolle.“ vom 24. Januar 1924.

„Das Ziel nationaler Jugenderziehung.“ vom 26. Januar 1924.

„Aufgaben nationaler Jugenderziehung.“ vom 5. Februar 1924.

„Staatliche Arbeitspflicht?“ vom 10. Februar 1924.

„Die Frage der ‚Sicherheiten‘.“ vom 4. März 1924.

„Der militärische Ausnahmezustand und die Sozialdemokratie.“ vom 5. März 1924.

„Pazifismus und Soldat.“ vom 15. März 1924.

„Hitler-Prozeß und Reichswehr.“ vom 20. März 1924.

„Zur Frage der Militärkontrolle.“ vom 2. April 1924.

„Wahlkampf und Völkerbund.“ vom 4. April 1924.

„Ersparnis an der Reichswehr?“ vom 17. April 1924.

„Starke Führer tun uns not!“ vom 18. April 1924.

„Die Deutschnationalen, die Reichswehr und die innenpolitische Lage.“ vom 24. April 1924.

„General von Seeckt und die Reichswehr.“ vom 7. Juni 1924.

„Der Glaube an Deutschlands Zukunft.“ vom 2. August 1924.

„Gedanken zur Verfassungsfeier.“ vom 11. August 1924.

„Der Geist von Tannenberg.“ vom 28. August 1924.

„Die Generalinspektion der I.M.K.K.“ vom 6. September 1924.

„Militärkontrolle und Pazifismus.“ vom 12. Oktober 1924.

„Rückblick auf die diesjährigen Manöver der Reichswehr.“ vom 15. Oktober 1924.

„Nicht Massenwahn, sondern Einzelpersönlichkeit.“ vom 28. Oktober 1924.

„Bei der Wahrheit bleiben!“ vom 5. November 1924.

„Gedanken am Revolutionstage.“ vom 10. November 1924.

“Totenfest.“ vom 23. November 1924.

„Interalliierte Militärkommission und deutscher Pazifismus.“ vom 29. November 1924.

„Zur Preußenfrage.“ vom 3. Dezember 1924.

„Der Chef der Heeresleitung.“ vom 21. Dezember 1924.

„Die Wahrheit marschiert!“ vom 23. Dezember 1924.

„‘Sécuritè‘!“ vom 4. März 1925.

„Der Adel in Heer und Beamtentum.“ vom 18. März 1925.

„Die Frage der Militärkontrolle.“ vom 3. April 1925.

„Hindenburg. Soldat und Politiker.“ vom 18. April 1925.

„Schicksalswende!“ vom 11. Mai 1925.

„Was wird die Militärkontrollnote bringen?“ vom 27. Mai 1925.

„Wehrgedanke und nationaler Ehrbegriff.“ vom 17. August 1925.

„Militärische Betrachtungen zur französischen Note.“ vom 1. September 1925.

„Die kommenden Manöver!“ vom 4. September 1925.

„Sozialdemokratie und Reichswehr.“ vom 25. September 1925.

„Eine Mahnung zu Hindenburgs Geburtstag." vom 27. September 1925.

„Die Verantwortung." vom 7. Oktober 1925.

„Die Aufgabe der nationalen Verbände." vom 19. Oktober 1925.

„Militärische Gedanken zu dem Vertrag von Locarno." vom 22. Oktober 1925.

„Zum 9. November!" vom 8. November 1925.

„Nationale Politik." vom 15. November 1925.

„Konzentration der Kräfte unter fester staatlicher Führung." vom 4. Dezember 1925.

„Abrüstung." vom 10. Dezember 1925.

„Militärische Gedanken." vom 1. Januar 1926.

„Geßler!" vom 18. Januar 1926.

„Gedanken zur Abrüstungskonferenz." vom 19. Januar 1926.

„Ernste Fragen. Diktatur und Verfassungsreform." vom 23. Januar 1926.

„Hindenburgs Soldatenjubiläum." vom 7. April 1926.

„Seeckt." vom 21. April 1926.

„Der Glaube an das Proletariat." vom 25. April 1926.

„Quo vadis?" vom 27. Mai 1926.

„Das Problem unserer Wehrmacht." vom 5. Juni 1926.

„Die I.M.K.K. lebt noch!" vom 17. Juli 1926.

„Invictis victi victuri!" vom 20. Juli 1926.

„Das Trugbild von Versailles." vom 30. Juli 1926.

„Zum 2. August." vom 1. August 1926.

„Deutsche Völkerbundspolitik noch einmal am Scheidewege." vom 5. August 1926.

„Betrachtungen über die Kriegführung der Zukunft." vom 8. August 1926.

„Frankreich am Scheidewege." vom 15. August 1926.

„Manövergedanken." vom 14. September 1926.

„Hindenburg!" vom 2. Oktober 1926.

„Der Offiziersersatz der Wehrmacht." vom 8. Oktober 1926.

„General v. Seeckt und seine Nachfolgerschaft." vom 12. Oktober 1926.

„Die Zukunft der Reichswehr." vom 20. Oktober 1926.

„Hände weg von der Reichswehr!" vom 8. Dezember 1926.

„Ausblick und Rückblick eines Soldaten." vom 31. Dezember 1926.

„Die Reichswehr und die heutige demokratische Kampfesart." vom 17. Januar 1927.

„Die Revolution 1918. Unglück und Schuld." vom 16. September 1928.

„Hindenburg." vom 2. Oktober 1928.

„Die Tragödie des deutschen Offizierkorps." vom 9. November 1928.

„Gedanken zur Jahreswende." vom 31. Dezember 1928.

„Wehrdebatte." vom 15. Januar 1929.

„Jämmerlichkeiten." vom 22. Januar 1929.

„Größe ist, was wir nicht haben!" vom 26. Juni 1929.

„Wohin gehen wir?" vom 11. September 1929.

„Der Soldat in Staat und Volk." vom 29. September 1929.

„Reichswehr, Staat und Politik." vom 15. Dezember 1929.

„Aufraffen oder untergehen!" vom 23. Februar 1930.

„Wendepunkt?" vom 27. April 1930.

„Der Reichswehroffizier. Ein Beitrag zum Führerproblem." vom 17. Juni 1930.

„General Reinhardt." vom 9. August 1930.

„Hindenburg. Heute 83. Geburtstag." vom 2. Oktober 1930.

„Reichswehr und Nationalsozialismus." vom 23. November 1930.

„Der Krieg der Zukunft." vom 25. November 1930.

„Scheidung der Geister." vom 18. Dezember 1930.

„Zehn Jahre Reichswehr." vom 1. Januar 1931.

„Vertrauen?" vom 7. Februar 1931.

„Partei oder Bewegung?" vom 11. März 1931.

„Nationales Wollen!" vom 25. April 1931.

„Um Preußen!" vom 16. August 1931.

„Um die deutsche Seele!" vom 25. August 1931.

„Gneisenau und der heutige Offizier." vom 3. September 1931.

„Die Unmoral des Wehrdiktats." vom 17. Januar 1932.

„Soldatensiedlung." vom 30. Januar 1932.

„Systemänderung!" vom 4. Februar 1932.

„Unser Rechtsanspruch. Der Kampf um den deutschen Land- und Luftabrüstungsentwurf." vom 23. Februar 1932.

„Beharrung oder Wendung?" vom 6. März 1932.

„Zwischen den Schlachten." vom 21. März 1932.

„Gehorsam und Verantwortungspflicht." vom 24. März 1932.

„Preußischer Adel." vom 25. Mai 1932.

„Groener und die Reichswehr." vom 31. Mai 1932.

„Staat und Armee – Heraus aus dem Halbdunkel!" vom 17. Juni 1932.

„Tilsit – Versailles!" vom 6. Juli 1932.

„Das Spiel ist aus!" vom 24. Juli 1932.

„Nationale Sammlung im Wehrgedanken." vom 17. September 1932.

„Überparteilichkeit." vom 23. Oktober 1932.

„Die sittliche Bedeutung des Wehrgedankens. Ein Rundfunkvortrag bei der Schlesischen Funkstunde." vom 6. Dezember 1932.

„Soldatische Betrachtungen zur Jahreswende." vom 31. Dezember 1932.

„Generalfeldmarschall Graf Schlieffen. Zur Erinnerung an seinen 100. Geburtstag." vom 26. Februar 1933.

„Zielklare Außenpolitik!" vom 15. März 1933.

„Soldat und nationaler Staat." vom 26. März 1933.

„Friedenswille und Gleichberechtigungsforderung." vom 14. April 1933.

„Wer trägt die Schuld?" vom 12. Mai 1933.

„Die Rückführung des Westheeres 1918." vom 15. November 1933.

„Die Persönlichkeit." vom 2. August 1934.

„Hindenburg und die junge Wehrmacht." vom 20. August 1934.

„Die Lehre der Marne-Schlacht." vom 6. September 1934.

Quellen- und Literaturverzeichnis

1. Quellen – Quellensammlungen, Erinnerungen, Denkschriften, Briefe

Grundzüge der deutschen Militärgeschichte, im Auftrag des Militärgeschichtlichen Forschungsamtes hrsg. von Karl-Volker Neugebauer, Bd. 2, Arbeits- und Quellenbuch, Freiburg 1993.

Reichswehrministerium, Heeresabteilung, Nr. 270/24 T1 IB geheim, vom 18. März 1924 , gez. St., BA/MA, Depot Stülpnagel N 5/20.

Schüddekopf, Otto-Ernst: Das Heer und die Republik. Quellen zur Politik der Reichswehrführung 1918 bis 1933, Hannover/Frankfurt a.M. 1955.

Stülpnagel, Joachim von: 75 Jahre meines Lebens, Düsseldorf 1960 (unveröffentlicht), Bundesarchiv / Militärarchiv (BA/MA), Depot Stülpnagel N 5/27.

Zustandsbericht vom 4. Januar 1920, BA/MA, Depot Stülpnagel N 5/19.

Denkschrift „Gedanken über den Krieg der Zukunft" vom Februar 1924, BA/MA, Depot Stülpnagel N 5/10.

Denkschrift „Die Sicherheiten Frankreichs" vom 20. Februar 1924, BA/MA, Depot Stülpnagel N 5/11.

Vortrag „Wechselbeziehungen zwischen Land-, See- und Luftkriegsführung. Ein Beitrag zum Problem des Zukunftskrieges" vom 5. März 1925, BA/MA, Depot Stülpnagel N 5/11.

Denkschrift „Der gegenwärtige Zustand und die Zukunftsaufgaben des Offizierkorps" vom 20. November 1928, BA/MA, Depot Stülpnagel N 5/22.

Schlussbesprechung T1 IA (Kriegsspiel-Studie) von 1922, BA/MA, Depot Stülpnagel N 5/9.

Brief an Erfurth vom 8. Januar 1924, BA/MA, Depot Stülpnagel N 5/20.

Brief an Erfurth vom 28. Januar 1925, BA/MA, Depot Stülpnagel N 5/20.

Brief an Geyer vom 16. April 1925, BA/MA, Depot Stülpnagel N 5/20.

Brief an Geyer vom 12. Juli 1925, BA/MA, Depot Stülpnagel N 5/20.

Brief an Rabenau vom 14. Mai 1926, BA/MA, Depot Stülpnagel N 5/21.

2. Fachliteratur

Afflerbach, Holger: Die militärische Planung des Deutschen Reiches im Ersten Weltkrieg, in: Der Erste Weltkrieg. Wirkung, Wahrnehmung, Analyse, hrsg. von Wolfgang Michalka, München 1994, Seite 280 – 318.

Bald, Detlef: Zur „Strategischen Defensive" – Ein Rückblick auf ein Verteidigungskonzept in der Reichswehr, in: Sicherheit und Frieden, Vierteljahresschrift für Sicherheit und Frieden 3/86, Seite 138 – 142.

Borger, Heinz-Ludger: Grundzüge der Landkriegführung von Schlieffen bis Guderian, in: Deutsche Militärgeschichte in sechs Bänden 1648 – 1939, begründet von Hans Meier-Welcker, hrsg. vom Militärgeschichtlichen Forschungsamt, Bd. 6, Abschnitt IX (Grundzüge der militärischen Kriegsführung 1648 - 1939), München 1983.

Bracher, Karl Dietrich: Die Auflösung der Weimarer Republik. Eine Studie zum Problem des Machtverfalls in der Demokratie, Villingen 1955, Düsseldorf 1984.

Brandt, Peter: Die Befreiungskriege von 1813 bis 1815 in der deutschen Geschichte, in: ders. (Hrsg.): An der Schwelle zur Moderne. Deutschland um 1800, Bonn 1999, Seite 83 – 115. (= Gesprächskreis Geschichte, Heft 31, Forschungsinstitut der Friedrich-Ebert-Stiftung.)

Braubach, Max: Von der Französischen Revolution bis zum Wiener Kongress, 8. Aufl., München 1987. (= Gebhard. Handbuch der deutschen Geschichte, 9. neu bearb. Aufl., hrsg. von Herbert Grundmann, Bd. 14.)

Carsten, Francis L.: Reichswehr und Politik 1918 - 1933, Köln/Berlin 1965.

Craig, Gordon A.: Die preußisch-deutsche Armee 1640 - 1945. Staat im Staate, Köln 1960.

Deist, Wilhelm: Auf dem Wege zur ideologisierten Kriegführung. Deutschland 1918 – 1945, in: ders.: Militär, Staat und Gesellschaft. Studien zur preußisch-deutschen Militärgeschichte, München 1991.

Erfurth, Waldemar: Die Geschichte des deutschen Generalstabs von 1918 bis 1945, Göttingen 1957.

Feldman, Gerald D.: Armee, Arbeiterschaft und Staat in Deutschland 1914 – 1918, Berlin/Bonn 1985.

Frevert, Ute: Das Militär als ‚Schule der Männlichkeit'. Erwartungen, Angebote, Erfahrungen im 19. Jahrhundert, in: dies. (Hrsg.): Militär und Gesellschaft im 19. und 20. Jahrhundert, Stuttgart 1997, Seite 145 – 173. (= Industrielle Welt. Schriftenreihe des Arbeitskreises Moderne Sozialgeschichte, Bd. 58.)

Geßler, Otto: Reichswehrpolitik in der Weimarer Zeit, hrsg. von Kurt Sendtner, Stuttgart 1958.

Geyer, Michael: Aufrüstung oder Sicherheit. Die Reichswehr in der Krise der Machtpolitik 1924 – 1936, Wiesbaden 1980.

Gordon, Harold J.: Die Reichswehr und die Weimarer Republik 1919 – 1926, Frankfurt 1959.

Görlitz, Walter: Der deutsche Generalstab 1657 – 1950, Frankfurt 1950.

Groener, Wilhelm: Lebenserinnerungen. Jugend, Generalstab, Weltkrieg, hrsg. von Friedrich Freiherr Hiller von Gaertringen, Göttingen 1957.

Hammerstein, Kunrat Freiherr von: Schleicher, Hammerstein und die Machtübernahme 1933, in: Frankfurter Hefte 11 (1956), Seiten 11 – 18, 117 – 118, 163 – 176.

Hardach, Gerd: Der Erste Weltkrieg 1914 – 1918, München 1973. (= Geschichte der Weltwirtschaft im 20. Jahrhundert, hrsg. von Wolfgang Fischer.)

Hillgruber, Andreas: Militarismus am Ende der Weimarer Republik und im „Dritten Reich", in: ders.: Großmachtpolitik und Militarismus im 20. Jahrhundert, Düsseldorf 1974, Seite 37 – 51.

Hofstätter, Peter R. (Hrsg.): Deutsche Wehrpsychologie 1914 – 1945, München 1995.

Jacobsen, Hans-Adolf: Militär, Staat und Gesellschaft in der Weimarer Republik, in: Bracher, Karl Dietrich, Manfred Funke, Hans-Adolf Jacobsen: Die Weimarer Republik 1918 – 1933. Politik – Wirtschaft – Gesellschaft, Düsseldorf 1988.

Kolb, Eberhard: Die Weimarer Republik, München 1988. (= Oldenbourg Grundriss der Geschichte, hrsg. von J. Bleicken, L. Gall, H. Jakobs, Bd. 16.)

Kutz, Martin: Historische und psychologische Wurzeln des traditionalistischen militärischen Erziehungsdenkens. Geistesgeschichtliche, sozialgeschichtliche und psychologische Vorüberlegungen zur Genese und Entwicklung militärischer Erziehung, in: Sicherheit und Frieden, Vierteljahresschrift für Sicherheit und Frieden, Jg. 4 (1986), Heft 4/86, Seite 203 – 213, und Jg. 5 (1987), Heft 2/87, Seite127 – 137.

Ludendorff, Erich: Meine Kriegserinnerungen 1914 – 1918, Berlin 1919.

ders.: Der totale Krieg, München 1935.

Meier-Dörnberg, Wilhelm: Die große deutsche Frühjahrsoffensive 1918 zwischen Strategie und Taktik, in: Operatives Denken und Handeln in deutschen Streitkräften im 19. und 20. Jahrhundert, hrsg. vom Militärgeschichtlichen Forschungsamt, Herford/Bonn 1988.

Meier-Welcker, Hans: Seeckt, Frankfurt 1967.

Möller, Horst: Weimar. Die unvollendete Demokratie, München 1985. (= Deutsche Geschichte der neuesten Zeit vom 19. Jahrhundert bis zur Gegenwart. Hrsg. von Martin Broszat, Wolfgang Benz und Hermann Graml in Verbindung mit dem Institut für Zeitgeschichte, München.)

Mommsen, Hans: Aufstieg und Untergang der Republik von Weimar 1918 – 1933, Berlin 1998.

ders.: Militär und Militarisierung in Deutschland 1914 bis 1938, in: Frevert, Ute (Hrsg.): Militär und Gesellschaft im 19. und 20. Jahrhundert, Stuttgart 1997, Seite 265 – 276. (= Industrielle Welt. Schriftenreihe des Arbeitskreises Moderne Sozialgeschichte, Bd. 58.)

Rabenau, Friedrich von: Seeckt. Aus seinem Leben 1918 – 1936, Leipzig 1940.

Ritter, Gerhard: Staatskunst und Kriegshandwerk. Das Problem des Militarismus in Deutschland, Erster Bd.: Die altpreußische Tradition (1740 – 1890), 2. Aufl., München 1959.

Salewski, Michael: Die bewaffnete Macht im Dritten Reich 1933 – 1939, in: Deutsche Militärgeschichte in sechs Bänden 1648 - 1939, begründet von Hans Meier-Welcker, hrsg. vom Militärgeschichtlichen Forschungsamt, Bd. 4, Abschnitt VII (Wehrmacht und Nationalsozialismus 1933 – 1939), München 1983.

Sauer, Wolfgang: Die Reichswehr, in: Bracher, Karl-Dietrich: Die Auflösung der Weimarer Republik. Eine Studie zum Problem des Machtverfalls in der Demokratie, Düsseldorf 1984, Seite 205 – 284.

Schulze, Hagen: Weimar. Deutschland 1917 – 1933, Berlin 1998.

Seeckt, Hans von: Aus meinem Leben 1866 – 1917, hrsg. von Generalleutnant Friedrich von Rabenau, Leipzig 1938.

Seeckt, Hans von: Gedanken eines Soldaten, Berlin 1929.

ders.: Die Reichswehr, Leipzig 1933.

Theweleit, Klaus: Männerphantasien, Bd. 2 (Männerkörper – Zur Psychoanalyse des weißen Terrors), Reinbek bei Hamburg 1980.

Vogelsang, Thilo: Kurt von Schleicher. Ein General als Politiker, Göttingen/Frankfurt/ Zürich 1965. (= Persönlichkeit und Geschichte 39.)

Wallach, Jehuda: Das Dogma der Vernichtungsschlacht. Die Lehren von Clausewitz und Schlieffens und ihre Wirkungen in zwei Weltkriegen, Frankfurt a.M. 1967.

Wheeler-Bennett, John W.: Die Nemesis der Macht. Die deutsche Armee in der Politik 1918 – 1945, Düsseldorf 1953.

Wohlfeil, Reiner: Heer und Republik, in: Deutsche Militärgeschichte in sechs Bänden 1648 –1939, begründet von Hans Meier-Welcker, hrsg. vom Militärgeschichtlichen Forschungsamt, Bd. 3, Abschnitt VI (Reichswehr und Republik 1918 – 1933), München 1983.

Zeidler, Manfred: Militärgeschichte der Weimarer Republik 1918 bis 1933. Die Reichswehr im demokratischen Staat, in: Grundzüge der deutschen Militärgeschichte, Bd. 1 Historischer Überblick, im Auftrag des Militärgeschichtlichen Forschungsamtes hrsg. von Karl-Volker Neugebauer, Freiburg 1993.

Personenregister

Arndt, Ernst Moritz, Schriftsteller, 100f., 103

Arnim, Achim von, Dichter, 100

Basedow, Johann Bernard, Pädagoge, 102

Bauer, Gustav Adolf, Reichskanzler, 50

Bismarck, Otto Fürst von, Reichskanzler, 37f.

Blomberg, Werner von, zuletzt Generalfeldmarschall, Chef Truppenamt, Reichswehrminister, 124, 127,132, 137f.

Boehn, Maximilian von, Generaloberst, 29

Brandt, Peter, Historiker, 93 - 95

Braun, Otto, preußischer Ministerpräsident, 81

Brentano, Clemens, Dichter, 100

Brockdorff-Rantzau, Ulrich Graf von, Außenminister, 48, 52

Bronsart von Schellendorf, Marie, Mutter Joachim von Stülpnagels, 15

Bronsart von Schellendorf, Paul, General, preußischer Kriegsminister, Großvater Joachim von Stülpnagels, 15

Bülow, Karl von, General, 22, 24

Bussche-Ippenburg, Erich Freiherr von dem, Oberstleutnant, 59f., 117

Carsten, Francis L., Historiker, 50, 117

Clemenceau, George Benjamin, frz. Ministerpräsident, 47

Diebitsch, Johann Graf, russischer Feldmarschall, 94

Diem, Carl, Sportwissensch., 101

Deist, Wilhelm, Historiker, 108, 115, 118

Ebert, Friedrich, Vorsitzender. Rat der Volksbeauftragten, Reichspräsident, 43f., 47, 51, 58

Emmich, Otto von, General, 24

Erfurth, Waldemar, Historiker, 59

Erzberger, Matthias, Parlamentär, Reichsminister, 40, 48, 53

Fichte, Johann Gottlieb, Philosoph, 100f., 107f.

Foch, Ferdinand, frz. Marschall, Generalstabschef, 61

Friedrich II. der Große, preuß. König, 38, 99

Friedrich Wilhelm III., preuß. König, 95f.

Fritsch, Werner Freiherr von, zuletzt Generaloberst, Chef Heeresleitung, 113, 123, 133, 138

Geßler, Otto, Reichswehrminister, 9, 58, 78

Geyer, Michael, Historiker, 11, 77, 79, 88, 113, 114 – 117

Gneisenau, August Graf Neidhardt von, preuß. Heerführer u. Reformer, 92f., 96, 134

Goerdeler, Carl, OB Leipzig, Widerstand, 140

Göring, Hermann, 135

Groener, Wilhelm, General, später Reichswehrminister, 9, 37, 44, 47, 50f., 127 – 132

Görres, Joseph von, Publizist, 100

Guts Muths, Johann, Turnlehrer u. Pädagoge, 102

Hammerstein-Equord, Kurt Freiherr von, Generaloberst, Chef Truppenamt, Chef Heeresleitung, 9, 132f.

Hardenberg, Karl August Fürst von, preußischer Staatsmann u. Reformer, 93, 107

Hasse, Otto, General, Chef Truppenamt, 59

Heeringen, von, preußischer Kriegsminister, 22

Herder, Johann Gottfried von, Philosoph u. Theologe, 100

Hertling, Georg Graf von, Reichskanzler, 38

Heye, Wilhelm, General, Chef Heeresleitung, 58, 59, 72, 119, 124f., 127, 131f.

Hillgruber, Andreas, Historiker, 11

Himmler, Heinrich, 138

Hindenburg, Paul von Beneckendorff und, Generalfeldmarschall, Leiter OHL, Reichspräsident, 26, 29, 32, 38, 51, 83, 104f., 122, 128

Hitler, Adolf, 78, 80, 135, 137f., 140

Humboldt, Wilhelm Freiherr von, Wissenschaftler, Reformer, 100, 107

Jacobsen, Hans-Adolf, Historiker, 116f.

Jahn, Friedrich Ludwig, Pädagoge, Turnerbewegung, 103

Kant, Immanuel, Philosoph, 99

Karl, Prinz von Preußen, 15

Kracht, Irmgard von, Ehefrau Joachim von Stülpnagels, 22, 135

Ludendorff, Erich, General, 23, 26, 29, 30, 35ff., 40, 44, 78, 80

Luther, Hans, Reichskanzler, 105

Max(imilian), Prinz von Baden, Reichskanzler, 39

Moltke, Helmuth Graf von, Generalfeldmarschall, Chef Großer Generalstab, 15, 37

Mommsen, Hans, Historiker, 41f., 45, 74, 75, 80f., 110, 114

Napoleon Bonaparte, frz. Kaiser, 63, 74, 91, 93 – 97, 100

Nollet, Claude Marie, frz. General, Präsident IMKK, 61

Noske, Gustav, Reichswehrminister, 47, 55

Papen, Franz von, Reichskanzler, 135, 137

Poincaré, Raymond, frz. Ministerpräsident u. Staatspräsident, 47

Rabenau, Friedrich von, zuletzt General, 117

Reinhardt, Walther, Generalleutnant, Chef Heeresleitung, 26, 50

Sauer, Wolfgang, Historiker, 137f.

Scharnhorst, Gerhard von, preuß. General u. Reformer, 93, 95

Scheidemann, Philipp, Rat der Volksbeauftragten, 48, 50

Schleicher, Kurt von, General, Reichswehrminister, Reichskanzler, 9, 50, 59f., 79, 89, 111, 116, 121f., 123, 127 – 133, 137, 144

Schleiermacher, Friedrich von, Theologe u. Philosoph, 100

Schlieffen, Alfred Graf von, Chef Großer Generalstab, 22, 24, 87

Schulze, Hagen, Historiker, 52

Seeckt, Hans von, Generaloberst, Chef Heeresleitung, 9, 10, 57f., 69 – 73, 78 – 82, 89, 108 – 113, 116, 118 – 120, 121, 123f., 131, 144, 146f.

Severing, Carl, preußischer Innenminister, 81

Stein, Karl, Reichsfreiherr vom und zum Stein, preußischer Reformer, 93f., 103, 107

Stein, Hermann von, General, preuß. Kriegsminister, 23

Stresemann, Gustav, Reichskanzler u. Außenminister, 64, 78, 81, 110, 113, 115

Stülpnagel, Ferdinand von (*1810), General, Großvater Joachim von Stülpnagels, 15

Stülpnagel, Ferdinand von, General, Vater Joachim von Stülpnagels, 15, 19, 21, 24

Tirpitz, Alfred von, Großadmiral, Marineminister, 22, 24

Vieth, Gerhard, Pädagoge, 102

Voß, Hans von, Wehrpsychologie, 126

Voß, Hans-Alexander, Oberstleutnant i.G., Widerstand, Schwiegersohn Joachim von Stülpnagels, 126, 139

Wilhelm, Kronprinz, 83, 140

Wilhelm II., deutscher Kaiser, König von Preußen, 17, 18, 19f., 30, 32, 38, 40, 45, 52, 122, 142

Wilson, Thomas Woodrow, US-Präsident, 40, 46ff.

Wohlfeil, Rainer, Historiker, 62

Yorck von Wartenburg, Hans David Graf, preußischer Feldmarschall, 94

Zeigner, Erich, Ministerpräsident von Sachsen, 80